Detlef Ignasiak

Die Fürstenhäuser Thüringens in Sage und Geschichte

Der vorliegende Text geht zurück auf Einleitungen, die der Verfasser für die von ihm herausgegebenen Bücher „Herrscher und Mäzene. Thüringer Fürsten von Hermenefred bis Georg II." (Rudolstadt 1994) und „Regententafeln thüringischer Fürstenhäuser" (Jena 1996) geschrieben hat.

Die Deutsche Bibliothek – CIP-Einheitsaufnahme
Ignasiak, Detlef: Die Fürstenhäuser Thüringens
in Sage und Geschichte.
Detlef Ignasiak. – 1. Aufl. –
Bucha bei Jena: **quartus-Verlag** 2000
ISBN 3-931505-50-2

Titel: Prinz Ludwig Günther II. von Schwarzburg-Rudolstadt (1708-1767-1790). Selbstporträt mit seinem Lieblingspferd Suberbo, im Hintergrund Ansicht der Ludwigsburg. Öl auf Leinwand, 1741. Thüringer Landesmuseum Schloss Heidecksburg.

2. Auflage 2001

ISBN 3-931505-50-2

Layout, Satz, Lithografien, Gestaltung,
Zeichnung der Tafeln:
Frank Naumann, AGD, Erfurt
Schrift: Garamond, Post Antiqua.
Druck: Gutenberg-Druckerei GmbH Weimar

Detlef Ignasiak

Die Fürstenhäuser Thüringens

in Sage und Geschichte

Mitteldeutsche Miniaturen
Band 3

quartus-Verlag

Inhaltsverzeichnis

Die Fürstenhäuser des Mittelalters

Die Anfänge

Wie alle deutsche Geschichte beginnt auch die thüringische nicht allein in den dunklen Wäldern Germaniens, sondern auch im hellen Licht des ewigen Rom. Thüringens Landesgeschichte – und damit seine Fürstengeschichte – umschließt den langen Zeitraum von fast zwei Jahrtausenden.

Sie setzt zaghaft ein zu der Zeit, als das mittelmeerumspannende Imperium Romanum sich zum Kaiserreich emporschwang und seinem zivilisatorischen Höhepunkt entgegenging. Und sie wird voll fassbar in den stürmischen Jahrhunderten der Völkerwanderung, als das Römische Reich geteilt wurde und sich dessen westlicher Teil nach und nach aus der Geschichte zurückzog. Thüringer und Römer waren auf einem nicht unbeträchtlichen Wegstück Schicksalsgefährten, wenn sie auch in unterschiedliche Richtungen marschierten. Die einen – mit einigem Recht von den Römern Barbaren geheißen – brachen auf aus dem Dunkel der Geschichte, die anderen verschwanden in einer ganz Europa erschütternden Götterdämmerung. Als sich das neue Europa, unser Abendland, formierte, gehörten die Thüringer bereits dazu. Da wichtige zivilisatorische Leistungen der Römer diesen Weltenbruch überlebten und an die Germanen weitergegeben wurden, verfügen wir auch schon für diesen frühen Zeitraum über schriftliche Quellen. Nur wenige Glieder des modernen Europa können auf eine längere annalistisch überlieferte Geschichte zurückblicken.

Schon an ihrem Beginn stand eine außergewöhnliche Persönlichkeit: Gregor von Tours, der aus einem angesehenen römischen Geschlecht stammende fränkische Bischof. In seinen im 6. Jahrhundert lateinisch geschriebenen „Historiarum libri decem“ (den „Zehn Bücher(n) Geschichten“) hat er auch über die Thüringer und den Untergang ihres ersten Fürstengeschlechtes geschrieben. Dass der „Vater der abendländischen Geschichtsschreibung“ Augenzeugen befragen konnte, verleiht seiner frischen und lebensvollen Darstellung besondere Authentizität.

Gehen wir aber noch ein paar Menschenalter weiter zurück: In der für ganz Europa entscheidenden Schlacht auf den Katalaunischen Feldern – die ins Abendland eingefallenen asiatischen Hunnen hatten das schon geschwächte Weströmische Reich herausgefordert – kämpften im Jahre 451 thüringische Krieger gezwungenermaßen noch auf hunnischer Seite und verloren mit den aus dem Osten gekommenen Eroberern. Durch den bald darauf erfolgten Tod ihres König Attila (in der germanischen Heldensage ist das König Etzel) und den schnellen Zerfall seines Reiches aber gewannen sie die Freiheit. Spätestens jetzt wurden die Thüringer von einem einzigen König regiert. Da dieser offensichtlich vom gesamten Stamm anerkannt war, muss sich ein solches Einkönigtum (mithin ein frühes Staatswesen) schon vor der Hunnenherrschaft herausgebildet haben. Die nach 375 beginnende hunnische Besetzung des Landes wird diese Entwicklung zwar geschwächt, nicht aber völlig abgebrochen haben.

Zur Zeit der Hunnen war der Stammesname Thüringen – Toringi – bereits allgemein üblich. Der in Konstantinopel lebende römische Veterinär Vegetius Renatus hat ihn um das Jahr 380 in seinem Buch „Mulomedicina“ (Maultiermedizin) gebraucht. Ihm war der elbgermanische Stamm durch seine Pferde bekannt geworden; diese sollen duldsam im Ertragen von Kälte und Hunger gewesen sein.

In ihrem Kern gehen die frühen Thüringer auf den seit dem ersten vorchristlichen Jahrhundert nachweisbaren germanischen Großverband der Hermunduren zurück. Der griechische Geograf Strabo hat ihn erstmals erwähnt. Zwei, drei Generationen später sprachen auch die römischen Schriftsteller Plinius Secundus und Cornelius Tacitus von den Hermunduren. Woher dieser Stammesname – und damit auch der aus dem zweiten Wortteil hervorgegangene Name Thüringen kommt – ist bis heute umstritten. Die Thüringer siedelten von dem Gebiet nördlich des Mains bis zum Harz und zur Elbe. Zeitweilig erstreckte sich ihr Einflussgebiet noch weit darüber hinaus – im Süden bis in das obere Maintal und zur Donau, im Norden bis in die Gegend um das spätere Braunschweig. Der Thüringer Wald stellte in dieser Frühzeit noch keine Grenzscheide dar.

„Reiterstein von Hornhausen" *aus dem 7. Jh. (gefunden 1874 bei Oschersleben) zeigt einen Krieger auf einem Pferd aus thüringischer Zucht.*

Die Thüringerkönige

Der erste schriftlich bezeugte Thüringerkönig ist Bisin. Er war ein Zeitgenosse des Frankenkönigs Chlodwig, der im Jahre 495 für sein Volk das Christentum annahm. Vermutlich trugen Bisins Vorgänger den selben Namen. Wenn Gregor von Tours einen Bisin erwähnt, zu dem der abgesetzte (Chlodwig vorangegangene) Frankenkönig Childerich geflohen sei, muss dieser der Vater (oder ein naher Verwandter) des bezeugten Bisin gewesen sein. Als der Franke seine Königsherrschaft wiedererlangte, soll er Bisins Gemahlin Basena mitgenommen und geehelicht haben. Wenn dies zutrifft, ist die Thüringerin die Mutter Chlodwigs geworden.
Dieses Ereignis muss dann um das Jahr 460 stattgefunden haben. Ob allerdings der im großen Gräberfeld von Weimar gefundene Silberlöffel mit der Inschrift „Basenae" (der Basena gehörig) der Mutter Bisins gehörte, wurde schon mehrfach angezweifelt, da im Adel solche Traditionsnamen immer wieder gegeben wurden. Es existiert auch kein Hinweis darauf, dass sich Bisins Königshof in Weimar befunden hätte. Vielmehr haben ihn Forscher in Bösenburg (bei dem heutigen Eisleben), in Beesenstedt (in der Nähe von Halle) und um Bösenrode (bei Sangerhausen) zu lokalisieren gesucht, also immer in Orten, die auf den Königsnamen verweisen. Funde konnten diese Vermutungen allerdings nicht bestätigen.
Doch gehörte das Land westlich der mittleren Saale mit Sicherheit zum Machtschwerpunkt des Thüringer Königtums, das sich unter Bisins Führung eines hohen Ansehens erfreute und mit drei germanischen Großreichen – mit dem der Franken, der Ostgoten und der Langobarden – verwandtschaftliche Bindungen eingegangen war. In diesen Gegenden wurden auch wichtige Zeugnisse der Thüringer Königszeit ausgegraben, so auch ein aus Kupfer gefertigter vergoldeter Spangenhelm, dessen Träger ein hoher Adeliger war.

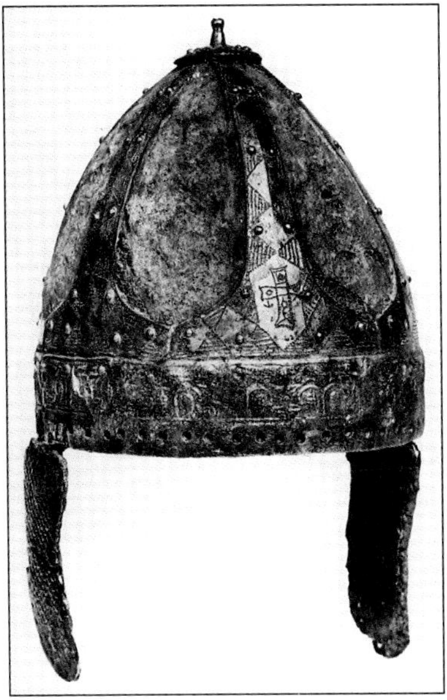

***Vergoldeter Spangenhelm** aus dem 1. Viertel des 6. Jh.s; er entstammt einem Adelsgrab in Stößen bei Weißenfels.*

An der Stirnseite des Helms ist ein christliches Kreuz eingraviert. Das spricht dafür, dass sein Besitzer bereits dem Christentum angehörte. Das Original befindet sich im Landesmuseum für Vorgeschichte Halle (Saale), eine Nachbildung im Weimarer Museum für Ur- und Frühgeschichte Thüringens. Es wird vermutet, dass der Helm aus einer byzantinischen Werkstatt stammt und für einen hohen Offizier bestimmt war. Sein thüringischer Träger muss – worauf auch die Grabbeigaben hindeuten – ein hoher Adeliger, vielleicht einer der Brüder des Königs gewesen sein.

Besonderen Wert scheint Bisin auf eine Verbindung zu den mächtigen Ostgoten gelegt zu haben. Deshalb verheiratete er seinen Sohn Hermenefred (in der Heldensage Irminfried) mit der Amalerprinzessin Amalaberga, einer Nichte Theoderichs des Großen (in der Heldensage Dietrich von Bern), des Herrschers über Italien und Widersachers der oströmischen Kaiser. Ihre Ehe mit dem Thüringerprinzen sollte den nach Osten gerichteten Expansionsdrang des aufstrebenden Frankenreiches zügeln. In einem durch den in ostgotischen Diensten stehenden römischen Chronisten Cassiodor überlieferten Brief Theoderichs an Hermenefred nennt der Ostgote seine Nichte „das teuerste Pfand", das er besitze, und bringt einen schönen Vergleich: „Was Italien sorgsam gepflegt, wird fortan das glückliche Thüringen besitzen." Wenn es dann weiter in dem Schreiben heißt, Amalaberga solle „ihre besseren Kenntnisse" dafür verwenden, die Thüringer „auf(zu)klären und (zu) erleuchten", wird der dem arianischen Christentum anhängende König wohl an Missionierung gedacht haben. Wie erfolgreich die Königin diese Aufgabe erfüllte, wissen wir nicht. Doch dürfte es keinen Zweifel darüber geben, dass der größere Teil des (zahlenmäßig sicher nicht sehr großen) thüringischen Adels während der Regierungszeit Hermenefreds bereits christianisiert war.

Das arianische Christentum

Die Ostgoten und ihr König Theoderich gehörten dem arianischen Christentum an. Es war im 4. Jahrhundert im ägyptischen Alexandria aus einem Dogmenstreit mit dem römischen Kaiser Konstantin hervorgegangen. Bei dieser Abspaltung ging es um die Frage, ob Christus in seiner vorirdischen Existenz mit Gott wesensgleich war. Im Unterschied zu den römisch-katholischen Christen, die die Dreieinigkeitslehre von Vater, Sohn und Heiligem Geist immer mehr dogmatisierten, sah Arius in Christus ein aus dem Nichts erschaffenes Geschöpf. Deshalb wurde er 320 auf der Synode von Alexandria abgesetzt. Der Arianismus behielt aber im orientalischen Christentum noch lange Anhänger. Um sich von den Römern abzugrenzen, nahmen zahlreiche Germanenfürsten das arianische Christentum an. So kam es über die Ostgoten auch nach Thüringen. Da aber der Frankenkönig Chlodwig sich 496 zum römischen Christentum bekannt hatte, war ihr Gegensatz zu den Thüringern auch ein religiöser. Vermutlich hat diese Differenz den Untergang des Thüringerreiches noch beschleunigt.

Die Thüringerkönige

Bisin	um 460
Bisin	um 480
Bisin	um 480-vor 510
Hermenefred	vor 510-531

Anfangs wird sich der zweitgeborene Hermenefred das Königsamt mit seinen Brüdern Baderich und Berthachar geteilt haben. Alle drei regierten das große Land von ihrem jeweiligen Hof aus. Da von Baderich nichts weiter bekannt ist, dürfte ein früher Tod wahrscheinlich sein. Berthachar dagegen wird 529 in der ersten Frankenschlacht gefallen sein. Dessen Kinder, darunter die später heiliggesprochene Rade-

gunde, wurden an Hermenefreds Hof erzogen. Wo sich dieses Machtzentrum des späten thüringischen Königtums befand, ist bis heute unklar. Manches spricht dafür, den Königshof in dem nördlich des heutigen Erfurt und in Unstrutnähe liegenden Herbsleben (germanisch Herfriedesleba) zu suchen, während in der nahen Tretenburg (bei Gebesee) die wichtigste thüringische Gerichtsstätte vermutet werden kann.
Hermenefred hat sein Reich mit Geschick regiert und die von seinem Vater geknüpften Bande zu den Ostgoten weiter ausgebaut. Das Verhältnis zu dem ihm benachbarten Frankenreich dürfte seine Politik bestimmt haben. Solange Theoderich lebte, hielten die Franken Distanz. Als der Ostgotenkönig aber 526 plötzlich starb und der Kampf um seine Nachfolge entbrannt war, nahmen die Nachbarn keine Rücksichten mehr und ließen es zum Krieg kommen. Der 529 erfolgte erste fränkische Angriff auf die Thüringer konnte noch abgeschlagen werden, der zweite von 531 dagegen nicht mehr. Hermenefred ging in der Entscheidungsschlacht an der Unstrut (vielleicht bei dem heutigen Burgscheidungen) mit seinem Reich unter. Gregor von Tours hat den Verlauf der Kämpfe eindrucksvoll geschildert.

Gregor von Tours: Die Schlacht an der Unstrut (575)
Als die Franken nun heranzogen, stellten die Thüringer ihnen eine Falle. Auf dem Felde nämlich, wo gekämpft werden sollte, gruben sie Löcher; deren Öffnungen wurden mit dichtem Rasen bedeckt, so dass es eine ebene Fläche zu sein schien. In diese Löcher nun stürzten viele der fränkischen Reiter, als es zum Schlagen kam, und wurden schwer behindert; nachdem man aber die List bemerkt hatte, fing man an, achtsam zu sein. Als aber die Thüringer sahen, dass sie großen Verlust erlitten, wandten sie, da auch ihr König Hermenefred schon die Flucht ergriffen hatte, den Rücken und kamen bis zur Unstrut. Dort wurden so viele Thüringer niedergemacht, dass das Bett des Flusses von der Masse der Leichname zugedämmt wurde, und die Franken über sie, wie über eine Brücke, auf das jenseitige Ufer zogen. Nach diesem Siege nahmen diese sofort das Land in Besitz und brachten es unter ihre Botmäßigkeit.

Nach dem fränkischen Geschichtsschreiber konnte Hermenefred noch rechtzeitig in einen entlegenen Teil seines Reiches fliehen und bis 534 unbehelligt bleiben, während die meisten seiner Krieger (und damit die Mehrheit der Thüringer Adeligen) niedergemetzelt wurden. Verlockt durch die Aussicht, fränkischer Vizekönig zu werden, und mit der Zusicherung auf Geleit muss er seinen Fluchtort verlassen und sich zu König Theudebert I. in die alte niederrheinische Römerstadt Culpiacum (dem heutigen Zülpich) begeben haben. Dort soll er, wie Gregor glaubhaft berichtet, von der Stadtmauer gestürzt worden sein und dabei den Tod gefunden haben.

Die Ereignisse um den Untergang des Thüringerreiches liefern auch den Stoff für das (verlorenen gegangene) germanische Iring-Lied, einem Heldenlied, mit dem die überlieferte Literatur Thüringens einsetzt.

Die bekannteste Persönlichkeit der Thüringer Königszeit ist Hermenefreds Nichte Radegunde. Vor allem in der Gegend des nordfranzösischen Poitiers, wo sie in dem von ihr gegründeten Kloster starb, lebt der Name der Heiligen (St. Radegundis) bis in die Gegenwart fort. Dorthin ist die Thüringerprinzessin allerdings nicht freiwillig gekommen.
Da die Franken den thüringischen Königsschatz nach der Unstrutschlacht nicht finden konnten, dürfte Radegunde für sie die wichtigste Beute gewesen sein. Wer sie heimführte, würde der rechtmäßige Besitzer Thüringens sein. Deshalb wurde sie die Gemahlin Chlotars (der zusammen mit Theudebert regierte) und damit Frankenkönigin. Als Theudebert ihren Bruder Hermenefred ermorden ließ, trennte sie sich von dem ihr verhassten Gemahl, veräußerte ihr gesamtes Hab und Gut und wurde Nonne. Dem in der Nähe von Poitiers lebenden Gregor von Tours erzählte sie von ihrem Schicksal.

Bekannt war Radegunde auch mit dem spätrömisch-fränkischen Dichter Venantius Fortunatus, der den Untergang des Thüringer Königsgeschlechts in einer erschütternden lateinsprachigen Elegie, dem „Klagelied der Radegunde“, bedichtete.

Venantius Fortunatus: Das Klagelied der Radegunde (Auszug)

O du trauriges Los des Krieges, du neidisches Schicksal,
In wie plötzlichem Sturz sinken doch Reiche dahin,
Lange gesicherte Stätten des Glücks, hochragende Giebel
Liegen, vom Sieger verbrannt, kläglich in Trümmern und Schutt.
Und das Gehöft des Palastes, das einst von Leben erfüllt war,
Ist von Gebäuden nicht mehr, nein nur von Asche bedeckt,
Und die Firsten der Dächer, die sonst rotgolden geschimmert,
Sind nun zu Boden gestürzt, sind nur noch Asche und Staub.
Männer von fürstlichem Rang, beraubt vom Feinde der Freiheit,
Stürzten in schimpfliches Los nieder vom Gipfel des Ruhms.
(...)
Wie war das Gefilde bedeckt von den Körpern der Toten,
Ach, ein einziges Grab barg nun ein einziges Geschlecht!
Jetzt kann Troja allein nicht mehr sein Ende beweinen,
Denn auch Thüringen litt ebenso blutigen Mord.
Weg schleppt man gefesselte Frauen an flatternden Haaren,
Keiner wurde vergönnt trauriger Abschied vom Heim.
Küssen durfte die Schwelle nicht noch der Gefangene, auch nicht
Schaun zu den Stätten zurück, die ihn gern länger geschaut.
Nacktes Fußes die Gattin schritt im Blute des Gatten,
Über des Bruders Leib schritt da die Schwester hinweg.
(...)
Nicht vermag ich zu weinen, obgleich barbarischen Ursprungs,
So wie sie, kann ich nicht schwimmen in Tränenerguss.
Jeglicher hatte sein eigenes Leid, ich weinte für alle.
Alles, was jene geschmerzt, war mein persönliches Leid.
Glücklich die Männer, die tödlich die Waffe des Feindes getroffen,
Ich alleine nur blieb, sie zu beweinen zurück.

***Die Mühlburg**, im Bildvordergrund das Dorf Mühlberg.*

Wie bekannt Radegunde noch mehr als 400 Jahre nach ihrem Tode war, zeigt Kaiser Otto der Große, wenn er um 950 in Helfta bei Eisleben eine Radegundis-Kapelle errichten ließ. Man vermutet, dass dieser Ort mit ihrem Leben in Zusammenhang stehen könnte.
Im heutigen Thüringen hat Radegunde nur eine Spur hinterlassen, und zwar auf der Mühlburg in der Nähe von Gotha. Dort hat es im 14. Jahrhundert ebenfalls eine Radegundis-Kapelle gegeben. Heute existieren von diesem vermutlich im 16. Jahrhundert aufgegebenen Gotteshaus nur noch die Grundmauern. Seit 1987 erinnert dort ein Gedenkstein an die thüringische Prinzessin, die mit Sicherheit mit diesem Ort verbunden war. Vielleicht hat sie dort einen Teil ihrer Kindheit und Jugend verbracht.

Die Merowinger in Thüringen

Seit der Unstrutschlacht war Thüringen die östlichste Provinz des Frankenreiches. Die erzwungene Heirat Radegundes mit Chlotar begründete den rechtlichen Anspruch seiner Dynastie auf das eroberte Gebiet. Wie die Merowinger (genannt nach ihrem in der Mitte des 5. Jahrhunderts lebenden Ahnherrn Merowech) die neue Provinz regierten, wissen wir nicht. Sie besaßen zwar Güter in Thüringen, so auch im Erfurter Becken, doch sehr gefestigt soll ihre Herrschaft nicht gewesen sein. Den jährlichen Zins von 500 Schweinen, den die Besiegten den neuen Herren entrichten mussten, werden die Thüringer als demütigend empfunden haben. Trotz der spärlichen Überlieferungen wird deutlich, dass es mehrfach Aufstände gegen die fränkischen Eroberer gegeben haben muss. Diese wurden zwar niedergeschlagen, führten aber offensichtlich nicht zu einer dauerhaften militärischen Besetzung des Landes. Thüringen war für die Merowinger lange nur ein Nebengebiet.

***Fränkische Krieger**, Darstellung aus dem 19. Jh.*

Die Franken und das Christentum

Ende 495 oder Anfang 496, vermutlich während eines Feldzuges gegen die Alemannen, nahm König Chlodwig das römische Christentum an. Dieser Schritt erfolgte, wie der Geschichtsschreiber Gregor von Tours mitteilt, eher zögerlich, obwohl Chrodechilde, seine Gemahlin und Tochter des Burgundenherrschers, bereits Anhängerin des neuen Glaubens war. Das Abendland erhielt mit dieser Entscheidung Chlodwigs seine grundlegende kulturelle Ausrichtung. Dass sich das römische Christentum spätestens seit dem frühen 8. Jahrhundert auch in Thüringen durchsetzte, geht unmittelbar auf die Franken zurück.

Die Merowingerkönige

(die Thüringen regierten)

Chlodwig I.	481-511
Chlotar I.	511-561
Chilperich I.	561-584
Chlotar II.	584-628
Dagobert I.	628-638
Chlodwig II.	636-656
Chlotar III.	656-670
Childerich II.	670-673
Theoderich III.	673-691
Chlodwig III.	691-695
Childebert III.	695-711
Dagobert III.	711-715
Chilperich II.	715-719
Theoderich IV.	720-737
Bonifacius	743
Childerich III.	743-752

Wirklich wichtig wurde Thüringen für die Merowinger erst im 7. Jahrhundert, als es durch die vom Osten her vorrükkenden Slawen bedroht schien. König Dagobert I., der letzte bedeutende Merowingerkönig, hielt sich deshalb zwischen 623 und 630 in Begleitung des Bischofs Arnulf von Metz in Thüringen auf. Er soll auf dieser Heerfahrt in Thüringen nur wenige Christen getroffen haben. Deshalb setzte er bald darauf einen Statthalter ein, der neben der Abwehr der Slawen auch die christliche Mission fördern sollte. In dem bezeugten Herzog (dux Thoringiae) Radulf ist ein fränkischer Adeliger burgundischer Herkunft zu vermuten. Er konnte durch eine Reihe von Siegen über die Slawen (so 633 bei dem späteren

Rudolstadt) seine Stellung festigen. Als Dagobert starb, nutzte Radolf die vorübergehende Schwäche der Merowinger aus und rebellierte gegen den neuen König. Als er Sigibert III. (von Aquitanien) in offener Feldschlacht überwand, soll er, obwohl er die Oberhoheit der Merowinger nie abgeschüttelt hat, in Thüringen wie ein König geherrscht haben. Eine eigene Dynastie konnte er indessen nicht begründen. Auch unter seinen Nachfolgern blieb Thüringen weitgehend unabhängig.

Die volle Integration Thüringens in das Frankenreich vollzog sich erst im 8. Jahrhundert, und zwar unter den Hedenen, Herzögen aus Mainfranken. Diese nahmen auch die christliche Missionierung wieder auf. Eine besondere Rolle auch für Thüringen spielte dabei das von Willibrord, Bischof von Utrecht, gegründete luxemburgische Kloster Echternach. Wenn es dem Kirchenmann auch noch nicht gelang, in Thüringen feste kirchliche Strukturen zu schaffen, so bereitete er aber doch dafür den Boden. Herzog Heden II. stellte 704 in Würzburg eine Schenkungsurkunde aus, die Willibrord Höfe in Arnstadt, in dem nahen Mühlberg und in einem nicht genau zu bestimmenden Monra zuweist. Darin erscheint auch Hedens Gemahlin Theotrada, eine Thüringerin, und der (vermutlich auf den Stamm bezogene) Name eines Sohnes Tiringus (Thuring). Wahrscheinlich stammten die verschenkten thüringischen Besitzungen aus dem Erbgut Theotradas.

Als Bonifatius, der Schüler Willibrords, 719 mit seiner Mission begann, gab es in Thüringen keine Herzöge mehr. Hedens Geschlecht scheint im Mannesstamme schon erloschen gewesen zu sein. Bonifatius handelte bereits im Auftrage des Hausmeiers Karl Martell, des neuen starken Mannes im Merowingerreich. Die Könige hatten zu diesem Zeitpunkt bereits jeglichen Einfluss verloren. Unter der Herrschaft der Hausmeier, der späteren Karolinger, wurde Thüringen wieder der Zentralmacht unterstellt.

Die Sachsenburg *hatte am Unstrutdurchbruch durch Hainleite und Schmücke für Nordthüringen eine große strategische Bedeutung; ein Vorläufer der abgebildeten Anlage wurde von den Merowingern im 7. Jh. errichtet. Der Bergfried der Unterburg (Hakenburg) stammt aus dem 11. Jh.*

Die Rolle des Kurerzstifts Mainz

Bonifatius gründete 724 auf dem Johannisberg am Rande des Thüringer Waldes bei Altenbergen die erste Kirche und 725 in dem nicht weit davon entfernten Hof Ohrdruf das erste Kloster in Thüringen. Hauptort seiner Missionstätigkeit wurde aber der Handelsplatz Erfurt, den er 742 mit Unterstützung von Papst Zacharias zum Bistum erhob und auf dem Marienberg einen Dom bauen ließ. Da Bonifatius bald darauf vom Papst die Diözese Mainz erhielt, konnte er sein bischöfliches Amt in Erfurt nicht antreten. So kam es zur Bindung Erfurts an die seit 346 bezeugten Bischöfe von Mainz. Dass dies eine der folgenreichsten Entscheidungen in der thüringischen Geschichte sein würde, war damals noch nicht abzusehen.

Unter Bischof Lullus wurde das Stift Mainz 781/82 zum Erzbistum erhoben. Seit dem 13. Jahrhundert stand es im Rang eines Kurfürstentums, was Kaiser Karl IV. 1356 in der „Goldenen Bulle" bestätigte. Die Fürstbischöfe von Mainz, die zugleich Kanzler waren, gehörten jahrhundertelang zu den einflussreichsten Politikern des Reiches. Das blieb auch für Thüringen nicht ohne Folgen, wenngleich Erfurt lange Zeit Freizügigkeit genoss.

Im späteren Gebiet von Erfurt, vor allem in der Nähe der Gerafurten, lagen bereits im 1. Jahrhundert mehrere hermundurische Siedlungen. Wahrscheinlich gab es dort zur Zeit des Thüringerreiches auch einen Königshof, aus dem nach 531 ein fränkischer Verwaltungsstützpunkt erwuchs. Auch im 7. Jahrhundert nahm dieser Siedlungsraum einen herausragenden Platz ein. Als Bonifatius dorthin kam, sah er in Erfurt bereits den Mittelpunkt Thüringens. In einem Brief an den Papst spricht er „von einer Stadt ackerbau- und handeltreibender Heiden", die wie keine andere in Thüringen für einen Bischofssitz geeignet erscheint. Zudem verlief die seit dem 8. Jahrhundert nachweisbare Hohe oder Königsstraße (lat. Via regia), die wichtigste West-Ost-Verbindung im damaligen Mitteleuropa, durch den Ort. Seit dem 10. Jahrhundert war Erfurt auch königliche Pfalz und damit Schauplatz wichtiger reichspolitischer Ereignisse. Erfurt hatte also von Anfang an alle Voraussetzungen für die Entwicklung zu einer Haupt- und Residenzstadt. Die Anbindung an Mainz verhinderte dies. Die thüringische Geschichte verlief in eine andere Richtung; und andere Orte wurden politische Zentren.

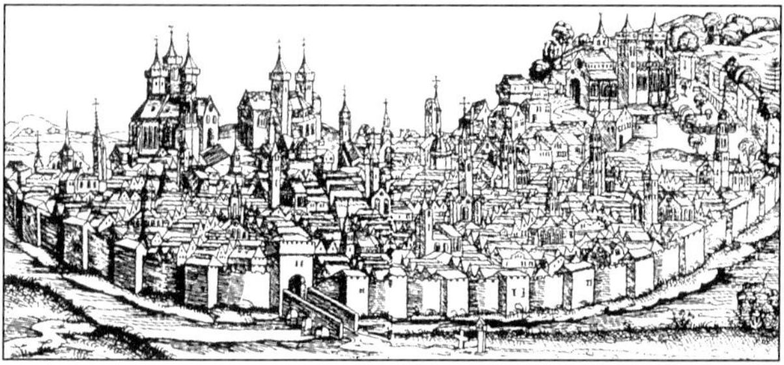

Darstellung Erfurts in der „Schedelschen Weltchronik" *von 1493. Der Domhügel und St. Peter sind deutlich hervorgehoben. Martin Luther, der im „thüringischen Rom" Student war, sprach vom „Erfordia turrita", dem türmereichen Erfurt. Und Nikolaus von Siegen, der 1494/95 im Peterskloster ein „Chronicon ecclesiasticum" schrieb, meinte: „Tota Thuringia ex Erfordia se nutrit et fovet." - Ganz Thüringen nährt und wärmt sich aus Erfurt.*

Unter der Führung der Mainzer Fürsterzbischöfe stieg Erfurt zum geistlichen und bald auch zum geistigen Mittelpunkt Thüringens auf. Aufbauend auf die schon früh bestehenden Klosterschulen, gründeten die Erfurter Bürger 1392 eine Universität. Das war nach Prag, Wien, Heidelberg und Köln die fünfte im Reich. Als Stadtherren von Erfurt und Grundherren im nördlichen Thüringen (mit dem Gebiet um Sömmerda und dem Eichsfeld) waren die Mainzer Erzbischöfe nahezu ein Jahrtausend lang bedeutende und einflussreiche Fürsten in Thüringen. Erst 1803, kurz vor der Auflösung des Heiligen Römischen Reiches, mussten sie auf Betreiben des Franzosenkaisers Napoleon I. die von ihnen verwalteten Länder an Preußen abgeben.

Die Karolinger und die Liudolfinger (Ottonen) in Thüringen

Noch einmal zurück in das frühe Mittelalter. Karl Martell, der Sieger über die Araber und Großvater Karls des Großen, war der erste regierende Hausmeier; die Königswürde bekleidete er aber noch nicht. Erst sein Sohn Pippin d.J. wurde 751 Frankenkönig. Karl der Große und dessen Sohn Ludwig der Fromme folgten ihm.

Die Hausmeier der Merowinger

Pippin II., der Mittlere	687-714
Karl Martell	714-741
Pippin III., der Kleine	741-751

Die Karolingerkönige

Pippin der Kleine	751-768
Karl der Große	768-814
Ludwig der Fromme	814-840
Lothar	840-843

Im 8. und 9. Jahrhundert stellte Thüringen innerhalb des karolingischen Großreiches (und später des Ostfränkischen Reiches) einen klar abgegrenzten und von der Zentralregierung aus verwalteten Reichsteil dar. Obwohl auch in Thüringen als Folge der Einführung der fränkischen Grafschaftsverfassung landsässige Adelige belehnt wurden, gelang es keinem von ihnen, die herzogliche Obergewalt zu ergreifen. Allein den Zehnten durften die „Grafen" für den jeweiligen Frankenherrscher erheben. Vor allem in der Regierungszeit Karls des Großen wurden von ihnen an der Saale Burgen erbaut, die von ihrer Größe und vom verwendeten Material her freilich noch sehr bescheiden waren. Die darauf untergebrachten Besatzungen sollten das Land vor den Slawen schützen. Lange herrschte jedoch Frieden; und in Erfurt trieben Thüringer und Sorben miteinander Handel.

An den meisten Feldzügen Karls des Großen waren auch Thüringer beteiligt; und Karl selbst hat seine östliche Provinz mehrmals bereist. Manches spricht dafür, dass Thüringen in seinem Reich sogar eine Sonderstellung einnahm. So ließ der nunmehrige Römische Kaiser das Recht der Thüringer 802 als „Lex Thuringorum" aufzeichnen.

Nach dem 843 geschlossenen Vertrag von Verdun wurde Thüringen Teil des Ostfränkischen Reiches. In dieser Zeit kam es an der Saalegrenze mehrmals zu Unruhen, verschiedentlich wurden auch Feldzüge ins Slawenland unternommen. Bestellte Markherzöge, darunter ein Thakulf, ein Ratolf und ein Poppo, alle aus dem Geschlecht der österreichischen Babenberger, sollten die lange Grenze befrieden. An der Wende vom 9. zum 10. Jahrhundert regierte der Ostfranke Burchard in Thüringen. 908 fiel er im Kampf gegen die Ungarn. Er sollte der letzte Thüringer Herzog gewesen sein.

***Sächsische Krieger**, Miniatur aus dem „Goldenen Psalter" von St. Gallen, 10. Jh.*

Die ostfränkischen Könige

Ludwig II., der Deutsche	843-876
Ludwig III., der Jüngere	876-882
Karl III., der Dicke	882-887
Arnulf von Kärnten	887-899
Ludwig IV., das Kind	900-911
Konrad I.	911-918

Als die sächsischen Liudolfinger die Herrschaft übernahmen, setzten sie keine Herzöge mehr ein. An eine selbstständige Entwicklung Thüringens war nun nicht mehr zu denken. Zudem war der nordthüringische Raum zwischen Harz und Unstrut einer der Machtschwerpunkte des Liudolfingerherzogs Heinrich, der seit 919 auch die deutsche Königskrone trug. Als Stammvater dieses Geschlechts gilt Liudolf, der über das östliche Sachsen gebot und als Markgraf ins Sorbenland geschickt wurde. Da Heinrichs Nachkommen in drei Generationen den Namen Otto trugen, hat es sich eingebürgert, dieses sächsische Geschlecht deshalb auch als Ottonen zu bezeichnen.

***Der König belehnt einen Ritter** mit Land östlich der Saale, dieser verpflichtet sich, gegen die Slawen zu kämpfen. Nach der Heidelberger Bilderhandschrift des „Sachsenspiegels“ (13. Jh.).*

Das Herzogtum Sachsen

Als Sachsen wird seit dem 2. Jahrhundert ein germanischer Großverband bezeichnet, der im heutigen Niedersachsen, in Westfalen und an der unteren Elbe bis hin zum Harz zu Hause war. Der Stammesname geht auf das germanische Wort Sahsaz, was Schwert bedeutet, zurück.

Die Sachsen hatten unter ihrem Fürsten Widukind lange Karl dem Großen widerstanden. Letztlich wurden sie aber doch besiegt und kamen als Stammesherzogtum Anfang des 9. Jahrhunderts an das Frankenreich. Dass aus dem spät eingegliederten Sachsen schon hundert Jahre später der erste deutsche König hervorging, gehört zu den erstaunlichsten Tatsachen des frühen Mittelalters. In der Stauferzeit stellte sich das nun von dem Geschlecht der Welfen beherrschte Sachsen erneut gegen die Zentralmacht. Mit dem Sturz Heinrichs des Löwen 1180 endete das alte Herzogtum Sachsen. Das große Land wurde in ein Herzogtum Westfalen unter den Erzbischöfen von Köln, in ein Herzogtum Braunschweig-Lüneburg unter den Welfen und ein Herzogtum Sachsen unter den Askaniern geteilt. Aus letzterem ging das Herzogtum Sachsen-Wittenberg hervor, das 1356 in dem von Kaiser Karl IV. erlassenen Reichsgrundgesetz, der „Goldenen Bulle", mit der Kurwürde bedacht wurde. 1423 fiel Sachsen-Wittenberg an das die Markgrafschaft Meißen regierende Haus Wettin. So wurde der norddeutsche Landesname auf ein mitteldeutsches Territorium übertragen. Aus dieser „Wanderung" von Nordwesten nach Südosten erklärt sich, dass heute gleich drei Bundesländer die alte Stammesbezeichnung in ihrem Namen führen.

Doch zurück zu König Heinrich: Am 15. März 933 schlug der Sachse bei dem vermeintlichen Unstrutort Riade (vielleicht bei den heutigen Dörfern Ritteburg und Kalbsrieth) mit einem aus Sachsen und Thüringern bestehenden Heer die ins Land eingefallenen Ungarn. Mit diesem von Heinrich I. in Thüringen (und dem 955 von Otto I. auf dem bayerischen Lechfeld) erfochtenen Siegen legten die Sachsenkönige den Grundstock für den späteren Aufstieg des von ihnen gegründeten Heiligen Römischen Reiches zu einer universalen Macht. 1024 starben die Liudolfinger (Ottonen) im Mannesstamme aus. Die fränkischen, vor allem in den Rheingegenden gebietenden Salier folgten ihnen im Königsamt.

Das Kloster Memleben

Die heutige Klosterruine geht auf eine Königspfalz zurück, in der König Heinrich I. 936 und sein Sohn Otto I. 973 starben. Kaiser Otto II. gründete hier auf Betreiben seiner Mutter Adelheid zwischen 976 und 979 eine Benediktinerabtei, die in der Folge reich ausgestattet wurde. 1551 wurde das Kloster nach dem Ableben der letzten Insassen aufgehoben und die Güter der Landesschule Pforta übereignet. Erhalten ist insbesondere die frühromanische Krypta. Die vielbeschriebenen Königsbildnisse, darunter wohl auch eines Heinrichs I., auf den Pfeilern des als Ruine erhaltenen Langhauses sind heute kaum noch zu erkennen.

Heinrich I., *Zeichnung aus dem „Hortus deliciarum", um 1170.*

Das Langhaus des Klosters Menleben.

Die ottonischen Könige

Heinrich I., der Vogler	919- 936
Otto I., der Große	936- 973
Otto II.	973- 983
Otto III.	983-1002
Heinrich II.	1002-1024

Ein Zentrum der Machtausübung der Liudolfinger in Thüringen war die Dornburg. In der Urkunde vom 13. Januar 937, in der diese Burg erstmals genannt wird, schenkt der junge König (und spätere Kaiser) Otto I. auf Fürbitte seiner Mutter Mathilde dem reich begüterten Kloster Quedlinburg den „Gewandzehnten" (an Lodenstoff) der Burgen Kirchberg (bei dem späteren Jena) und Dornburg.
Vermutlich war diese nach und nach im Laufe des 10. Jahrhunderts ausgebaute Anlage bedeutend größer als das heute an diesem Platz stehende Alte Schloss aus dem 15. Jahrhundert. Auf dieser ottonischen Burg hielten sich im 10. und 11. Jahrhundert mehrere deutsche Könige und römisch-deutsche Kaiser auf. Sie urkundeten hier, verhandelten in wichtigen Staatsgeschäften und feierten hohe Feste. So war Otto der Große 952, 955, 958 und 965 auf der Dornburg, sein Sohn Otto II. 980 anlässlich eines Reichstages und Otto III. 999.

Die reisende Hofhaltung wird auf 200 bis 300 Personen geschätzt. Die Verweildauer betrug sommers nur wenige Tage, seltener einige Wochen, winters konnten es aber Monate sein. Auf dem Hof warteten Dutzende Bedienstete, Knechte und Mägde, die das Vieh versorgten und die Äcker bestellten; hinzu kamen noch zahlreiche Handwerker. Die Burg war in dieser Zeit ein riesiger Wirtschaftsbetrieb, in dem es aber erst richtig lebendig wurde, wenn sich der Hof angesagt hatte. Dann wurde die Königswohnung bezogen, füllten sich die prächtigen Rittersäle, unter ihnen die große „Aula", es wurde getafelt und gesungen und in der Kapelle Messen zelebriert.

Die Dornburg war unter den Ottonen einer der politischen Mittelpunkte des Heiligen Römischen Reiches. Auch die Burg Kirchberg spielte eine gewisse Rolle. So zog Kaiser Otto III. im Jahre 1000 von hier aus, wo er Abschied von seinen Schwestern nahm, ins polnische Gnesen und schloss mit Boleslaus dem Tapferen (Boleslaw Chrobry) Frieden. Kaiser Heinrich II.

ließ sich auf Kirchberg am 20. Juli 1002 vom Thüringer Adel huldigen und erließ durch die Fürsprache Graf Wilhelms II. von Weimar-Orlamünde dem Land den 531 auferlegten demütigenden Schweinezins.

***Huldigung Kaiser Ottos des Großen**, zeitgenössische Darstellung.*

Die salischen Könige

Konrad II.	1024-1039
Heinrich III.	1039-1056
Heinrich IV.	1056-1106
Heinrich V.	1106-1125
Lothar III.	1125-1137

Die Ekkehardinger

Unter den zahlreichen Thüringer Grafengeschlechtern in ottonischer Zeit ragte allein das der Ekkehardinger hervor. Ahnherr ist ein noch nicht zu lokalisierender und 949 urkundlich genannter Graf Ekkehard, der dem Geschlecht den Namen gab. Dessen Sohn Günther zog mit Kaiser Otto I. nach Italien, muss dann aber einem wechselvollen Schicksal ausgesetzt gewesen sein. Im Kampf mit den Sarazenen soll er den Tod gefunden haben.

Erst Günthers Sohn Ekkehard I., der in Großjena an der Unstrut saß, unweit der Mündung des Flusses in die Saale, ist wirklich fassbar. Er hat sich als nüchterner und entschlossener Mann in der Umgebung Kaiser Ottos III. hervorgetan, diesen bei der Niederwerfung eines Aufstandes in Rom unterstützt und im Jahre 1000 zum Friedensschluss mit Polen beigetragen. Zudem war der Ekkehardingergraf der wichtigste Wächter an der Saalegrenze. Als Otto III. 1002 starb, war seine Macht so groß, dass er in den Kampf um dessen Nachfolge eingreifen konnte. Bevor er aber richtig zum Zuge kam, wurde er von Neidern ermordet. Thietmar von Merseburg, der wichtigste Chronist der Zeit, nennt ihn eine „Zierde des Reiches“ und „Herzog von Thüringen“, doch ist über diese Amtsstellung nichts weiter bekannt.

Vermutlich war es auch schon Ekkehard I., der die neue (heute allerdings nicht mehr vorhandene) Burg an der Saale erbauen ließ und damit den Grund für die frühe Stadtentwicklung Naumburgs legte. Wie schon die von ihm um das Jahr 1000 gegründete Eckartsburg (auf der Finne beim heutigen Eckartsberga) sollte sie die von Erfurt nach Leipzig führende Hohe Straße sichern.

Graf Ekkehard I. war seit 985 Besitzer der vereinten Marken Meißen, Merseburg und Zeitz sowie Burgwart von Kirchberg (bei dem späteren Jena). Und wenn die von ihm gegründete Steinsburg mit der Rudelsburg identisch ist, wofür einiges spricht, wäre er auch der Erbauer der in der Zeit der Romantik („An der Saale hellem Strande / stehen Burgen stolz und kühn“) berühmt gewordenen Saaleburg. Verdienste erwarben sich er und sein Sohn Ekkehard II. auch um die Kolonisierung des noch slawischen Osterlandes und um die Festigung der Zentralgewalt, was ihnen allerdings nun die auf Selbstständigkeit bedachten Grafen von Weimar zu Feinden machte. Nach dem Aussterben der Ekkehardinger 1046 wurden diese das dominierende Grafenhaus im östlichen Thüringen.

***Die Ruine der Rudelsburg** (beim heutigen Bad Kösen) in einem Kupferstich aus dem frühen 19. Jh.*

Die Ekkehardingergrafen

Ekkehard	gen. 949
Günther	gest. 982
Ekkehard I.	gest. 1002
Hermann	gest. 1032
Ekkehard II.	gest. 1046

Durch ihre kulturstiftende Rolle haben die Ekkehardingergrafen auch nach fast tausend Jahren noch einen Platz im öffentlichen Bewusstsein. Die Brüder Hermann und Ekkehard II. sind die Stifter des ersten Naumburger Domes. Um 1250, also mehr als 200 Jahre nach ihrem Hinscheiden, haben sich die Erbauer des zweiten Naumburger Domes ihrer erinnert und sie in den Stifterfiguren als Menschen des 13. Jahrhunderts darstellen lassen. Durch den hohen Kunstwert der Plastiken sind ihre Namen, insbesondere der von Ekkehards Gemahlin Uta, die als Ballenstedterin zu den Stammmüttern des Fürstenhauses der Askanier gehört, in die Weltkunst eingegangen und noch heute vielen Menschen geläufig. Die lebensgroßen Skulpturen Ekkehards II. und seiner Gemahlin Uta von Ballenstedt (wie auch die übrigen zehn Statuen) befinden sich im Westchor des Naumburger Domes und sind Arbeiten des mit Namen unbekannt gebliebenen „Naumburger Meisters“ und seiner Werkstatt. Um 1250 müssen sie fertiggestellt worden sein.

Ekkehard II. und Uta.

***Reglindis**, die Gemahlin des Ekkehardingers Hermann, des älteren Bruders Ekkehards II.*

Das Fürstenhaus der Askanier

Der Stammort ist das spätere Harzstädtchen Ballenstedt. Der Sage nach soll ein Ritter dort Bären und Wölfe gejagt haben. Um das von ihm errichtete Blockhaus entstand das Dorf Balkenstädt (also Ballenstedt). Um 1030 lebte dort ein Graf Esiko. Ob der eine Generation später erwähnte Adalbert von Ballenstedt, der Stammvater des späteren Fürstengeschlechts, direkt auf ihn zurück geht, ist nicht sicher, aber möglich. Adalbert war mit einer Orlamünderin verheiratet, wodurch sein berühmter Enkel Albrecht der Bär der Erbe der Weimar-Orlamünder Grafen wurde. Adalberts Sohn Otto der Reiche, der Erbauer der Burg Anhalt im Selketal, nennt sich zuerst Graf von Askanien. Der Name verweist auf seinen Besitz in Aschersleben. Albrecht der Bär unterwarf die Sorben an Saale und Elbe und wurde Markgraf von Brandenburg, während sein Sohn Hermann die Grafschaft Weimar-Orlamünde und sein Sohn Bernhard die Stammlande um Ballenstedt und Aschersleben bekam. Bernhards Nachkommen wurden Herzöge von Sachsen-Wittenberg. Als ihre Linie 1423 ausstarb, fiel ihr Land an die Wettiner. Geblieben sind den Askaniern nur die Stammlande, in denen in verschiedenen Zeiten mehrere Linien regierten, u.a. in Aschersleben, Bernburg, Köthen, Zerbst und Dessau (dort bis 1918). In der Neuzeit bestanden zwischen den askanisch-anhaltinischen und den ernestinisch-sächsischen (also thüringischen) Fürstenhäusern enge geistige Kontakte.

Die Staufer in Thüringen

Das staufische Jahrhundert – 1150-1252 – gilt allgemein als der Höhepunkt und die Glanzzeit des deutschen Mittelalters. Das aus Schwaben stammende Fürstengeschlecht, das die salischen Kaiser beerbte, hatte zunächst mit Thüringen nur wenig zu tun. Unter Friedrich I. Barbarossa zogen die Staufer aber ihre in Thüringen gelegenen Reichsgüter wieder mehr an sich und begannen mit Hilfe von Ministerialen, die bestehenden Burgen auszubauen. So wurde auch die schon unter den Salierkaisern errichtete Burg Kyffhausen am Rande der Goldenen Aue zu einer der größten Anlagen ihrer Art im Reich erweitert. Zwischen Saale und Pleiße entstand mit dem Osterland sogar ein geschlossenes Reichsterritorium, in dem die Stadt Altenburg eine besondere Rolle spielte.

Die staufischen Könige

Konrad III.	1138-1152
Friedrich I. Barbarossa	1152-1190
Heinrich VI.	1190-1197
Philipp	1198-1208
Otto IV./Gegenkönig	
Friedrich II. (Federico)	1212-1250
Heinrich VII.	1237-1254
Heinrich Raspe/Gegenkönig	
Wilhelm von Holland/Gegenkönig	

Friedrich I. Barbarossa weilte oft in Altenburg. Auch als 1172 die Kirche des Augustiner-Chorherrenstifts geweiht wurde, war er dabei. Der örtlichen Überlieferung nach gehen die beiden ungleichen Türme – als „Rote Spitzen" bis heute ein Wahrzeichen der Stadt – auf Friedrichs langen, zweigeteilten roten Bart zurück. Barbarossa, Rotbart, sollen die Kinder von Mailand gerufen haben, als Friedrich dort einzog. Auf einem Hoftag verlieh der Kaiser in Altenburg 1180 das Heinrich dem Löwen abgesprochene Herzogtum Bayern an Otto von Wittelsbach.

Kaiser Friedrich I. Barbarossa *als Kreuzfahrer. Aus der Handschrift des Petrus de Ebulo, 13. Jh.*

Als Friedrich I. Barbarossa mit dem Welfenherzog Heinrich dem Löwen in Konflikt geriet, hielt er sich oft in Erfurt auf. 1180/81 begann er hier seine Feldzüge gegen den Konkurrenten. Heinrich der Löwe kam ihm darauf entgegen und ließ dabei Mühlhausen und Nordhausen niederbrennen. Da sich die Erfurter Bürger unter den Schutz des Staufers stellten, nahmen die Erzbischöfe von Mainz eine antikaiserliche Haltung ein, denn sie fürchteten die Erhebung Erfurts zur Freien Reichsstadt und damit den Verlust ihrer Macht in Thüringen. Der Thüringer Landgraf Ludwig III. unterstützte den Kaiser, weil er in den Mainzer Erzbischöfen Konkurrenten sah. Er geriet dabei sogar in die Gefangenschaft Heinrichs des Löwen und wurde auf der Weißenseer Runneburg festgehalten. Als Heinrich im Sommer 1181 vom Kaiser besiegt wurde, schickte er den Landgrafen als Unterhändler zu Friedrich. Dieser konnte allerdings nichts ausrichten. Heinrichs Schicksal entschied sich im November 1181 auf einem Gerichtstag in Erfurt. Die Auseinandersetzungen mit dem Welfen eskalierten erneut 1197 nach dem frühen Tod Kaiser Heinrichs VI. Als sich der Thüringer Landgraf Hermann I. daraufhin in die Reichspolitik einmischte und mehrfach die Seiten wechselte, wurde auch Thüringen zum Kriegsschauplatz. Die Kämpfe endeten erst, als sich der Landgraf 1212 dem neuen Stauferkönig Friedrich II. anschloss.

Die Reichsburg Kyffhausen

Sie gehörte mit ihren 600 Metern Länge zu den größten deutschen Burgen. Es wird angenommen, dass die Salierkaiser Heinrich IV. und Heinrich V. die erste Anlage in der zweiten Hälfte des 11. Jahrhunderts in Nachfolge der am Nordhang des Kyffhäusers benachbarten alten Königspfalz Tilleda erbauen ließen. Während der Sachsenkriege wurde die Burg 1118 zerstört. Ihren Wiederaufbau als dreiteilige Anlage und ihre größte Blüte erlebte die Burg in der Regierungszeit Kaiser Friedrichs I. Barbarossa. Ob der „Rotbart" Kyffhausen überhaupt je betreten hat, ist nicht gewiss. Die Goldene Aue hat er aber auf jeden Fall besucht. Verwaltet wurde die Reichsburg durch Reichsministeriale. Als diese nach 1239 abgezogen wurden, erhielten die Grafen von Beichlingen das Burggrafenamt. Im 14. Jahrhundert gehörte die Burg den Wettinern, diese verpfändeten sie aber schon 1378 an die Schwarzburger. Im 15. Jahrhundert verfiel sie.

Der Kyffhäuser: Von der Sage zum deutschen Mythos

Der Mythos hat eine lange Vorgeschichte. Doch bezeichnenderweise beginnt er erst, als die mittelalterliche Burganlage aufgegeben wird. In der Mitte des 15. Jahrhunderts war die Burg bereits von ihren Bewohnern verlassen und das Gemäuer dem Verfall preisgegeben. Ohne die in derselben Zeit von dem Eisenacher Chronisten Johannes Rothe niedergeschriebene Sage wäre die Burg genauso der Vergessenheit anheimgefallen wie die anderen Burgen Nordthüringens. Mehr noch: Durch den das alte Gemäuer umrankenden Sagenkranz – der bis weit in die heidnische Zeit zurückreicht – hat sie eine Bedeutung erhalten, wie sie die Burg in der Zeit ihres mittelalterlichen Glanzes nie besessen hat. Zu dessen großer Popularität hat beigetragen, dass der Kyffhäuser der bekannteste Sagenberg Thüringens ist.

Das Bemerkenswerte an Rothes offenbar aus verschiedenen Volkserzählungen übernommener Mär ist der Bezug auf den Ketzerkaiser Friedrich II. Obwohl der Enkel Barbarossas nie in Thüringen geweilt hat, muss die Mythe vor allem hier fest verwurzelt gewesen sein. Man nimmt an, dass dies mit den spätmittelalterlichen Ketzerbewegungen zusammenhängt, die vor allem in den nordthüringischen Städten zahlreiche Anhänger hatten. Einer der Ketzerführer, er wurde 1369 in Nordhausen hingerichtet, hat sich selbst als auferstandener Kaiser Friedrich bezeichnet.

Tatsächlich waren die Herrschaftsjahre des letzten Staufers als eine glückliche Friedenszeit lange im Bewusstsein der Menschen geblieben. Als Friedrich II. 1250 in Italien starb, begannen langwierige Kriege um sein Erbe. Etwa zur gleichen Zeit war auch das Thüringer Landgrafenhaus ausgestorben, was auch hier kriegerische Auseinandersetzungen zur Folge hatte. 1289 hatte Kaiser Rudolf von Habsburg bei einem Besuch in Thüringen von chaotischen Verhältnissen gesprochen. In Thüringen war am Ende des 13. Jahrhunderts die Sehnsucht nach ruhigen Zeiten besonders groß und Friedrich II. in guter Erinnerung geblieben. Doch erst im 16. Jahrhundert verschmolzen beide Kaisergestalten zu einer Mythenfigur, von der, so das Volksbuch von 1519, „niemand weiß, wo er hinkommen noch begraben, die Bauern und Schwarzen Künstler sagen, er sei noch lebendig in dem hohlen Berg Kyffhäuser". Dort würde er schlafend an einem steinernen Tisch sitzen und wenn der Bart zum dritten Mal um den Tisch gewachsen sei und die Raben aufhörten um den alten Turm zu fliegen, wolle er wiederkommen und ein Reich des Friedens errichten.

***Friedrich I. Barbarossa** auf dem 1896 errichteten Kyffhäuser-Denkmal.*

Wenn auch diese Sage im 17. und 18. Jahrhundert nie völlig in Vergessenheit geraten war, so hatte sie aber doch nach dem im Schatten des Kyffhäusers niedergeschlagenen Bauernkrieg ihre Massenwirksamkeit eingebüßt. Als Goethe sich im Mai 1776 in Tilleda aufhielt und die Burgruinen zeichnete, scheint für ihn die Kaiser-Legende keine Rolle gespielt zu haben. Bedeutung erlangte die Sage erst wieder im frühen 19. Jahrhundert, als infolge der Napoleonischen Kriege die Erneuerung des Reiches ein Thema der national empfindenden Jugend würde. 1810 fand in Frankenhausen ein patriotisches Musikfest statt, wo die Teilnehmer den Kaiser Barbarossa „zu baldigem Erwachen und zur endlichen Befreiung Deutschlands" aufriefen. Von ähnlichen Gedanken ist auch Friedrich Rückerts bald darauf entstandene Ballade „Barbarossa" erfüllt, die Generationen deutscher Schüler auswendig lernten. Die Kaiser-Sage hat mit diesem Gedicht nicht nur eine neue literarische Gestalt erhalten, sie ist durch Rückert auch wahrhaft volkstümlich geworden.

Friedrich Rückert: Barbarossa (1817)

Der alte Barbarossa
Der Kaiser Friederich,
Im unterird'schen Schlosse
Hält er verzaubert sich.

Er ist niemals gestorben,
Er lebt darin noch jetzt;
Er hat im Schloss verborgen
Zum Schlaf sich hingesetzt.

Er hat hinab genommen
Des Reiches Herrlichkeit,
Und wird einst wiederkommen,
Mit ihr, zu seiner Zeit.

Der Stuhl ist elfenbeinern,
Darauf der Kaiser sitzt:
Der Tisch ist marmelsteinern,
Worauf sein Haupt er stützt.

Sein Bart ist nicht von Flachse,
Er ist von Feuersglut,
Ist durch den Tisch gewachsen,
Worauf sein Kinn ausruht.

Er nickt als wie im Traume,
Sein Aug' halb offen zwinkt;
Und je nach langem Raume
Er einem Knaben winkt.

Er spricht im Schlaf zum Knaben:
Geh hin vor's Schloss, o Zwerg,
Und sieh ob noch die Raben
Herfliegen um den Berg.

Und wenn die alten Raben
Noch fliegen immerdar,
So muss ich auch noch schlafen
Verzaubert hundert Jahr'.

Kaiser Friedrich II., *Darstellung in seinem Buch über die Falknerei, 13. Jh.*

Freie Reichsstädte in Thüringen

Sie unterstanden nur dem Kaiser und wurden quasi wie Republiken regiert. Etliche gingen aus Königsgütern hervor, andere erlangten ihre Unabhängigkeit durch Gewalt oder mittels Vertrag mit dem ehemaligen Stadtherrn. Die Staufer unterstützten diese Entwicklung und gewährten vor allem den Hansestädten im Norden und den reichen Handelsstädten im Süden diese Stellung. Anfangs übte in der Reichsstadt noch ein kaiserlicher Vogt oder Schultheiß die Hoheitsrechte aus. Ab 1250 brachten aber die meisten Reichsstädte die Vogteien in ihren Besitz. Seit dem Interregnum, der kaiserlosen Zeit nach dem Ende der Staufer, wurden die Reichsstädte auch zu den Reichstagen hinzugezogen und damit den Fürstentümern gleichgestellt. In Thüringen gab es mit Mühlhausen und Nordhausen nur zwei Freie Reichsstädte. Anfang des 13. Jahrhunderts wurde auch Saalfeld als Reichsstadt genannt. Das heute noch vorhandene sog. „romanische Haus“ war vermutlich die Vogtei. Und in der Münzstätte wurden Brakteaten mit dem Bild des thronenden Kaiser Friedrich I. geprägt.
Mühlhausen war seit der Herrschaft der Karolinger Mittelpunkt eines Reichsgutes gewesen. Vor allem die Ottonen hielten sich dort häufig auf. Etwa seit 1220 war die Stadt Nutznießerin der staufischen Städtepolitik und seit 1231/37 Trägerin der hohen Gerichtsbarkeit. Seit 1348 galt Mühlhausen auch offiziell als Freie Reichsstadt und beherrschte ein Gebiet mit 19 Dörfern. Auch Nordhausen ist vor allem aus einem ottonischen Königsgut erwachsen. 1220 erlöste Kaiser Friedrich II. die Stadt aus der Abhängigkeit des Domstiftes. Seitdem galt sie als Freie Reichsstadt.

Die Herrschaft der Ludowinger – Glanzzeit des Mittelalters in Thüringen

Die Errichtung einer eigenen Landesherrschaft war das Ziel vieler mittelalterlicher Grafengeschlechter. In Thüringen gelang dies zuerst den Ludowingern (genannt nach ihrem Leitnamen Ludwig, den immer der erstgeborene Sohn erhielt, während der zweitgeborene den Namen Heinrich Raspe trug). Im Laufe des späten 11. und frühen 12. Jahrhunderts stiegen sie zum bedeutendsten Fürstengeschlecht Thüringens auf. Um 1200 erlebten die Ludowinger eine weithin wirksame Glanzzeit. Doch schon zwei Menschenalter später starben sie im Mannesstamme aus und verabschiedeten sich aus der Geschichte. Den freigewordenen Platz nahmen die sächsischen Wettiner ein, die bis zum Ende der Monarchien in Thüringen herrschten.

Trotz der nur knapp zwei Jahrhunderte währenden politischen Wirksamkeit der Ludowinger ist ihr Andenken bis heute bewahrt geblieben. Ihr Löwen-Wappen und ihre Schildfarben weiß-rot sind eingegangen in die Hoheitszeichen des heutigen Freistaates. Mehr noch: Ihr Herrschaftsbereich, der längst nicht ganz Thüringen umfasste, zu dem aber auch ein großer Teil Hessens gehörte, hat durch seine einheitliche Ausgestaltung unsere geografische Vorstellung von Thüringen geprägt. Hinzu kommt noch, dass die Wartburg, die Hauptburg der Ludowinger, durch ihre Erneuerung im 19. Jahrhundert und die mit ihr verbundenen kulturellen und politischen Ereignisse für das deutsche Selbstverständnis eine eigenwillige Symbolkraft erlangt hat.

Das Thüringer Landeswappen

Nach dem vom Thüringer Landtag am 10. Januar 1991 angenommenen „Gesetz über die Hoheitszeichen Thüringens“ zeigt das Thüringer Landeswappen „in Blau einen goldgekrönten und bewehrten, achtfach von Rot und Silber quergestreiften Löwen, umgeben von acht silbernen Sternen“. Der bunte ludowingische Löwe war zuerst auf dem Wappen Landgraf Hermanns I. abgebildet. Dieser hat ihn offensichtlich von den Staufern übernommen. Die Sterne im Landeswappen sind allerdings neuzeitlichen Ursprungs: sie verweisen auf die thüringischen Fürstentümer, die bis 1918 existierten.

Die Ludowinger kommen nicht aus dem alteingesessenen Adel. Sie sind aus den eher unbedeutenden mainfränkischen Grafen von Rieneck hervorgegangen. Diese dienten als Burggrafen von Mainz den salischen Kaisern; vermutlich waren sie mit diesen verwandt.
Um 1030 wurde Ludwig der Bärtige, der Stammvater der späteren Landgrafen von Thüringen, mit einem Lehen am Nordrande des Thüringer Waldes ausgestattet. Nördlich von der von ihm gegründeten (und heute nur noch in kümmerlichen Resten vorhandenen) Schauenburg wuchs eine Rodungsherrschaft mit den Orten Friedrichroda, Finsterbergen, Engelsbach, Altenbergen und dem heute wüsten Espenfeld. Durch Heirat mit der wohlhabenden Cäcilie von Sangerhausen konnte er seinen Besitz schon bald bis zum Harz hin ausdehnen. Schon die zeitgenössischen Chronisten sahen in Ludwig dem Bärtigen einen findigen Politiker und tatkräftigen Siedlungsorganisator.
Der Sohn des ersten Grafen von Schauenburg ist der um 1040 geborene Ludwig der Springer. Auch er war politisch rege und am Ausbau seines Landes sehr interessiert. Er gründete mit der Wartburg (1067) und der Neuenburg (ab 1062) die wichtigsten Burgen der späteren Landgrafen. Die eine sollte sein Land im Westen, die andere im Osten schützen. Der ludowingische Besitz reichte jetzt von der Werra bis an

die Saale. Die Sage von der Gründung der Wartburg zeigt, dass Ludwig selbst vor Landraub nicht zurückschreckte.
Um bequem von einer Burg zur anderen gelangen zu können, bauten die Ludowinger im 12. Jahrhundert an der beide verbindenden Straße weitere Burgen: so entstanden die Creuzburg (vor 1180), die Runneburg (um 1150) und die Eckartsburg (nach 1121).

Die Sage von der Gründung der Wartburg
Ludwig war ein begeisterter Jäger. Einst verfolgte er ein Wild viele Meilen weit durch den Wald und fand sich plötzlich auf einem hohen Berg. Dort setzte er sich nieder und genoss die herrliche Sicht in die Weite des Thüringer Landes. Begeistert rief er aus: „Wart, Berg, du sollst mir eine Burg tragen!“
Der Berg aber gehörte ihm nicht. Da er ihn aber besitzen wollte, ersann er mit seinen Getreuen eine List. Des Nachts ließ er seine Esel Körbe voller Erde von seinem eigenen Grund und Boden auf diesen Berg tragen und darauf eine Burg bauen. Der Besitzer des Berges verklagte ihn darauf vor dem Kaiser wegen Landraubes. Ludwig erschien vor diesem mit zwölf Vertrauten und leistete den Schwur, dass die Bauten auf seinem eigenen Grund und Boden stünden. Da man ihm glaubte, konnte er nun den ganzen Berg sein eigen nennen. Er nannte ihn Wartberg.

Die Grafen von Schauenburg

Ludwig I., der Bärtige	um	1030-1056
Ludwig II., der Springer		1056-1123
Ludwig III. (I.)		1123-1130/31

Die Regierungsjahre Ludwig des Springers waren äußerst ereignisreich. Dazu zählt auch der antikaiserliche Sachsenkrieg 1073/75, der mit der Gefangennahme des Thüringers endete. Als 1085 Pfalzgraf Friedrich III. von Sachsen ermordet wurde, sah man in Ludwig den Springer den Anstifter zu dieser Tat, da dieser sich in Adelheid, die Gemahlin Friedrichs, verliebt hatte. Daraufhin wurde Ludwig auf dem Giebichenstein

bei Halle gefangengesetzt. Von dort soll er sich mit einem kühnen Sprung in die Saale gerettet haben. Die spätere Geschichtsschreibung hat ihm deshalb seinen eigenartigen Beinamen gegeben.
Ludwig heiratete nach seiner Selbstbefreiung zwar die Angebetete, ihr Seelenheil haben beide aber dennoch nicht gefunden. Adelheid verbrachte ihre letzten Lebensjahre im Kloster Oldisleben, Ludwig in dem von ihm gegründeten Kloster Reinhardsbrunn. Dort ist er 1123 hochbetagt gestorben.

1085 gründete Ludwig der Springer unweit von Friedrichroda das Benediktinerkloster Reinhardsbrunn als Hauskloster und Grablege seines Geschlechts. Schon 1097 wurde die Klosterkirche, der erste Bau der Hirsauer Reform in Thüringen, geweiht und 1092 stellte Papst Urban II. das Kloster unter seinen Schutz. In der ersten Hälfte des 14. Jahrhunderts wurden in Reinhardsbrunn im Auftrag des Abtes von dem Mönch Erasmus Postar für alle sieben dort bestatteten Grafen bzw. Landgrafen neue Grabplatten gefertigt. Sie erscheinen in der Art eines versenkten Reliefs, die bildlichen Darstellungen sind aber als Standfiguren gearbeitet worden, doch ruht der Kopf auf einem Kissen, in das er tief einsinkt. Diese sog. Landgrafensteine haben ein wechselvolles Schicksal gehabt. Nach der Zerstörung des Klosters im Bauernkrieg wurden sie auf den Gothaer Grimmenstein gebracht, später im dortigen Gießhaus gelagert. 1613 ließ die Weimarer Herzogin-Witwe Dorothea Maria die Steine zurück nach Reinhardsbrunn bringen, wo sie zunächst an der südlichen Außenfront des neuen Schlosses Aufstellung fanden, später dann in der Kirche. 1952 wären die wertvollen Grabplatten beinahe im Klosterteich versenkt worden. Rettung kam vom damaligen Thüringer Landesbischof Moritz Mitzenheim, der sie in einer spektakulären Aktion nach Eisenach bringen und im Chor der St. Georgenkirche aufstellen ließ.

Ludwig der Springer, *Grabplatte.*

Die Landgrafen von Thüringen

Ludwig I. (III.)	1130/31-1140
Ludwig II., der Eiserne	1140-1172
Ludwig III., der Fromme	1172-1190
Hermann I.	1190-1217
Ludwig IV., der Heilige	1217-1227
Heinrich Raspe IV.	1227-1247

Als König Lothar III. das Thüringer Landgrafenamt schuf, wollte er den Landfrieden sichern und gleichzeitig die Macht der verschiedenen Adelshäuser begrenzen. Da sich die Belehnung eines landfremden Adeligen mit Thüringen schon 1030 als Fehlschlag erwies und dieser abgesetzt werden musste, betraute er spätestens im Februar 1031 auf dem Reichstag zu Goslar den Ludowinger Ludwig III. (als Landgraf Ludwig I.), Ludwig des Springers Sohn, mit der Wahrnehmung dieses neugebildeten Amtes. Dieses wurde, gewissermaßen als königliche Stellvertreterschaft in Thüringen, oberhalb des gewohnten Grafentums angesiedelt, war jedoch nicht mit dem Herzogstitel ausgestattet. Der „lantgravius de Thuringia" stand nun über allen anderen Adeligen in dem vom Kaiser eingegrenzten Gebiet. Auf dem obersten thüringischen Landgericht von Mittelhausen bei Erfurt hatte er den Vorsitz; die anderen Adelsgeschlechter stellten dort höchstens die Schöffen und die Beisitzer.

Als der erste Landgraf mit Hedwig von Gudensberg die Tochter des Grafen Giso IV. heiratete, sicherte er sich beträchtliche Besitzungen im benachbarten Hessen. Diese „Gisonische Erbschaft" führte 1122 und 1137 zu einer Vereinigung des Hessengaus und seines Hauptortes Marburg mit Thüringen. Die Wartburg – bis dahin an der westlichen Grenze gelegen – wurde nun der Mittelpunkt eines großen Machtbereiches. Als Landgraf Ludwig II., der Eiserne, mit Jutta von Schwaben eine nahe Verwandte des Stauferkaisers Friedrich I. Barbarossa heiratete, stiegen die Ludowinger zu einem der einflussreichsten Geschlechter des Reiches auf.

Die Sage vom Eisernen Landgrafen

Landgraf Ludwig II., der Enkel Ludwig des Springers, soll ganz das Gegenteil seines Großvaters gewesen sein. Er war freundlich und gütig gegenüber jedermann, was allerdings viele Adelige mißbrauchten. So erhoben sie eigene Steuern und gaben vor, im Auftrage des milden Landgrafen zu handeln.

Als sich Ludwig während einer Jagd in der Gegend von Ruhla verirrte, bat er in einer Waldschmiede um ein Nachtquartier. Er stellte sich als Jäger des Landgrafen vor. Darauf verfluchte der Schmied den Landesherrn auf das übelste. Ludwig fand keinen Nachtschlaf und hörte, wie der Schmied bei jedem Schlag auf den Amboss vor sich hin sprach: „Landgraf, Landgraf, werde hart, hart wie dieses Eisen! Deine Edelleute schmeicheln dir ins Angesicht und brandschatzen dein Volk. Landgraf Ludwig, werde hart, werde hart!“

Aus dem jungen, leichtgläubigen und gutmütigen Landgrafen wurde ein strenger aber gerechter Fürst, der mit seinen Edelleuten, die Unrecht taten, nun scharf ins Gericht ging. Als er erfuhr, dass einige von ihnen den Bauern das letzte Zugvieh weggenommen hatten, bestellte er sie zu sich auf die Neuenburg und sprach: „Wohlan, was ihr von meinem Volke gefordert, das soll euch zuteil werden!“ In Ketten mussten die aufrührerischen Junker paarweise einen Pflug durch ein großes Brachfeld ziehen. Er selbst, immer an die Worte des Schmieds von Ruhla denkend, trieb sie dabei an. Der so bereitete Acker hieß von Stund an „der Edelacker“. Die bestraften Adeligen schwuren dem Landgrafen heimlich Rache. Ludwig trug darum stets eine Rüstung und erhielt so den Beinamen „der Eiserne“.

Hermann I., der bedeutendste Thüringer Landgraf, griff nach dem Tod des Kaisers in die Reichspolitik ein und versuchte – nicht immer zum Besten seines Landes – in dem staufisch-welfischen Thronstreit eine eigene Rolle zu spielen. Der Nachwelt ist Hermann I. vor allem, wie Richard Wagners Oper „Tannhäuser“ emotional eindrucksvoll zeigt, als Förderer der

Künste in Erinnerung geblieben. Der Thüringer Landgrafenhof, an dem die bedeutendsten mittelhochdeutschen Dichter verkehrten, hatte vor allem deshalb zu Beginn des 13. Jahrhunderts europäische Geltung.
Wo sich dieser Hof wirklich befand, ist bis heute eine vieldiskutierte und immer noch unbeantwortete Frage. Sicher auch auf der Wartburg. Aber nicht nur dort, sondern auch auf dem Eisenacher Steinhof (nahe bei der Georgenkirche und dem im 16. Jahrhundert errichteten Residenzhaus), auf der an der Werra gelegenen Creuzburg, auf der Weißenseer Runneburg, auf der Eckartsburg und auf der mächtigen Neuenburg. Wie alle anderen war auch der Thüringer Landgrafenhof ein Reisehof. Feste Residenzen gab es nicht. Zu ihrer Herausbildung kam es erst im 14. Jahrhundert und dann auch zu neuen, festeren (und schon in die Neuzeit weisenden) Formen der höfischen Repräsentation. Im frühen 13. Jahrhundert war die höfische Gesellschaft noch klein, das höfische Zeremoniell bescheiden, das kulturelle Leben regional sehr unterschiedlich.

Die Neuenburg

Die oberhalb der Unstrutstadt Freyburg gelegene Neuenburg galt den Zeitgenossen als „Schwester der Wartburg“, umgriffen doch beide Anlagen Thüringen von der Saale bis zur Werra. Dass die Burg von Bedeutung war, zeigt der Aufenthalt des Staufers Friedrich I. Barbarossa im Jahre 1172. Der Kaiser war von der Größe der Burg sehr angetan, nur die Mauern schienen ihm nicht stark genug gewesen zu sein. Der sagenhaften Überlieferung nach ließ der Landgraf daraufhin über Nacht alle Thüringer Ritter zur Neuenburg kommen und hieß sie, sich als menschliche Schutzschilde aufzustellen. Barbarossa war beeindruckt und sagte: „Fürwahr, eine festere Mauer als die aus treuen Mannen habe ich zeitlebens nicht gesehen.“ Allerdings sah die Burg damals noch anders aus als heute. Bald nach 1190 hatten Umbauten begonnen, die der schon mächtigen Anlage eine noch größere Wucht verliehen. Auch der weithin sichtbare Wohnturm ist erst 1220 gebaut worden, ebenso die berühmte romanische Doppelkapelle.

Landgraf Hermann I. und seine Gemahlin Sophie*.*
Miniatur aus dem um 1210/13 vermutlich in Hildesheim entstandenen Landgrafenpsalter, dessen Auftraggeber Hermann selbst war. Dabei handelt es sich um die einzige bildliche Darstellung des bekanntesten Thüringer Landgrafen. Da er nicht in Reinhardsbrunn beigesetzt wurde, konnte er dort auch keine Grabplatte erhalten.

Die Neuenburg
oberhalb Freyburgs.

Neben der Herrscherfamilie und den diensttuenden Adeligen (Rittern) gehörten zum Hof der Truchsess, der Kämmerer, der Marschall und die Schenke, meist Dienstadelige, Ministerialen. Um sie gruppierte sich das höhere Personal, darunter Notare und Schreiber, aber auch die Künstler. Der bedeutendste mittelalterliche deutsche Dichter, Walther von der Vogelweide, gehörte zeitweilig zum Hofstaat Landgraf Hermanns. Über allen stand die Geistlichkeit. Sie alle waren Träger der höfischen Kultur, wobei das Wort „höfisch" (alles was zum Hof und der dort lebenden Gesellschaft gehört) erstmals in der Mitte des 13. Jahrhunderts auftaucht. Es wurde „zum Programmwort für ein Gesellschaftsideal, in dem äußerer Glanz, körperliche Schönheit, vornehme Abstammung, Reichtum und Ansehen mit edler Gesinnung, feinem Benehmen, ritterlicher Tugend und Frömmigkeit verbunden waren". (J. Bumke)

Es spricht für den hohen Rang des Thüringer Landgrafenhofes, dass er seit Ludwig III. als Förderer der Literatur und anderer Künste hervortrat. Unter dessen Bruder Hermann I. wurde der Hof zum berühmten Mittelpunkt der höfischen Dichtung in Deutschland. So sind mit der „Eineide" Heinrichs von Veldeke, dem „Trojanerkrieg" Herborts von Fritzlar und dem „Willehalm" Wolframs von Eschenbach drei herausragende mittelhochdeutsche epische Dichtungen nachweislich in Hermanns Auftrag entstanden.

Am Beginn der Literaturpflege am Thüringer Landgrafenhof stand allerdings ein kriminelles Ereignis. Der im Limburgischen beheimatete Sänger Heinrich von Veldeke hat 1174 seine noch unfertige „Eineide" einer Klever Prinzessin geliehen. Als diese den Thüringer Landgrafen Ludwig III. heiratete, wurde das Manuskript gestohlen. Es wird angenommen, dass es sich bei dem Dieb um Ludwigs jüngeren Bruder Heinrich Raspe III. handelt. 1183 holte Hermann den unglücklichen Dichter auf die Neuenburg, gab ihm das Epos zurück und ermöglichte damit seine Vollendung. Der spätere Landgraf erwies sich somit schon früh als Mäzen und seine Neuenburg als eine Pflegestätte der Literatur.

Zwischen 1201 und 1214/16 werden mehrere Aufenthalte Walthers von der Vogelweide, des bedeutendsten Lyrikers des deutschen Mittelalters, am Landgrafenhof angenommen. Einige seiner kunstvollen Sprüche reflektieren das Leben am Hofe recht kritisch; erst später sah der Dichter in dem kunstfreudigen Landgrafen die „Blume Thüringens".

Walther von der Vogelweide: Preislied auf Landgraf Hermann von Thüringen (1214/16)

Ich bin des gebefrohen Landgraf' Ingesinde:
es ist mein Brauch, dass man mich immer bei den Besten finde.
Auch andere Fürsten teilen Gaben aus, jedoch
sie bleiben nicht dabei: er gab und gibt auch heute noch.
Darum versteht er besser sich als sie darauf,
und keiner Laune lässt er freien Lauf.
Wer heuer prahlt und ist dann übers Jahr so karg wie eh,
dem grünt der Ruhm – und welkt dann wie der Klee.
Die Blume Thüring's leuchtet aus dem Schnee:
sein Ruhm wächst alle Zeit wie in den ersten Jahren auf.

Die Wartburg
Die Burg Ludwig des Springers wird eine bescheidene, weitgehend aus Balkenwerk bestehende Anlage gewesen sein. Von ihr hat nichts die Zeiten überdauert. Die ältesten erhaltenen Bauteile stammen aus dem dritten Viertel des 12. Jahrhunderts. Es sind dies der äußere Bogen des Burgtores und der berühmte Palas, das Hauptgebäude der Wartburg. Er gilt heute als ein Zeugnis der Blüte romanischer Kunst und Architektur in der Mitte Deutschland und Europas. Nach dendrologischen Analysen des Bauholzes aus dem Jahre 1992 muss er kurz vor 1157, also unter der Regierung Landgraf Ludwigs II., begonnen worden sein. Die Bäume für die Deckenbalken des Kellergeschosses waren im Winter 1157/58 gefällt worden, das für Erd- und Obergeschoß verwendete Holz wurde 1162 eingeschlagen.

Eine herausragende Fürstengestalt, gleichermaßen als Landesherr wie als Ritter, war Ludwig IV., Hermanns Sohn. Unter seiner Regierung hat sich der Kunstgeschmack verändert. Von Minnesang und höfischer Epik war kaum noch die Rede, von religiöser Kunst aber um so mehr. So ist bezeugt, dass Ludwig IV. „zum Zeichen seiner großen Frömmigkeit“ 1227 ein Passionsspiel aufführen ließ. Seine Gemahlin war die fromme ungarische Königstochter Elisabeth, die nach ihrer Heiligsprechung 1235 durch den Papst weit über die Reichsgrenzen hinaus als Elisabeth von Thüringen berühmt wurde. Noch heute ist ihr Name allgegenwärtig.

Elisabeths Vater war König Andreas II., ihre Mutter Gertrud von Andechs-Meranien, eine Schwester der Heiligen Hedwig, der Schutzpatronin Schlesiens, die mit dem Piastenherzog Heinrich von Liegnitz verheiratet war.

Elisabeth kam früh mit neuen religiösen Bewegungen in Berührung, die an die Ideale des Urchristentums anzuknüpfen suchten und neue Lebensformen durchsetzen wollten. Besonders angezogen fühlte sich die Landgräfin von den radikalen Zielen der religiösen Armutsbewegung, wie sie in den neuen Bettelorden, vornehmlich dem der Franziskaner, zum Ausdruck kamen. Auch von der Frauenfrömmigkeit der Beginen in Flandern muss sie gewusst haben. Da Elisabeth ihren fürstlichen Pflichten nachkam und von ihrem Gemahl vor Übergriffen ihrer Standesgenossen geschützt wurde, konnte sie wirksam tätig werden. Erst als ihr dies nach dem Kreuzzugstod des Landgrafen unmöglich gemacht wurde, brach sie mit ihrer Herkunft. „Sie war die einzige Königstochter und Fürstin, die diesen Schritt wagte. Niemand anders in ihrer Zeit ist aus solcher Höhe in die Tiefen wirklicher Armut und echten Elends herabgestiegen, niemand anders sah sich vor solche Kontraste zwischen den Verpflichtungen von Herkunft und Stand und dem Streben nach einer wirklichen Nachfolge Christi gestellt." (M. Werner)

***Der Brautzug Elisabeths nach Thüringen**. Holzschnitt aus der „Cronica sant Elisabeth ...", nach der lat. Elisabeth-Vita des Dietrich von Apolda, gedruckt von Mathes Maler, Erfurt 1520.*

***Elisabeth speist die Armen**. Holzschnitt aus der „Legenda Aurea", Nürnberg 1488.*

***Grabplatte Landgraf Ludwigs IV.**, des Gemahls der Heiligen Elisabeth.*

Die Sage vom „Rosenwunder"

Nicht nur bei Hungersnöten suchte Elisabeth ihren bedürftigen Untertanen zu helfen. Die Sorge um die Kranken und Armen trieb sie ständig um. Unterhalb der Wartburg baute sie ein Spital, und Tag für Tag ließ sie an Notleidende milde Gaben verteilen. Manchem am Hofe erschien das Tun Elisabeths als des Guten zu viel, und der Landgraf hörte immer öfter: „Eines Tages verschenkt sie auch noch die Wartburg!" Da begab es sich, dass Ludwig bei einem Ausritt seiner Gemahlin unterhalb der Burg begegnete, als sie mit einigen Dienerinnen zur Stadt hinabschritt und schwere Körbe bei sich trug. Ludwig fragte sie sogleich, was sie denn in den Körben trage, und öffnete einen der Korbdeckel. Wie groß war aber seine Verwunderung, als er anstelle der vermuteten Gaben für die Armen lauter Rosen im Korb erblickte.

Thüringen und der Deutsche Ritterorden

Eng verknüpft mit dem Schicksal der Heiligen Elisabeth ist das hessisch-thüringische Engagement des erst 1190 in Akkon gegründeten Deutschen Ordens. Elisabeths Schwager Konrad von Marburg siedelte die Deutschherren hier an und betrieb die Heiligsprechung der Thüringer Landgräfin. 1209 oder 1210 war der Thüringer Ministeriale Hermann von Salza (aus der Gegend des heutigen Bad Langensalza) zum Hochmeister des Ordens gewählt worden. Als erfolgreicher Mittler zwischen Kaiser Friedrich II., dessen Freund und Berater er war, und dem Papst gehört der thüringische Adelige zu den großen politischen Gestalten des europäischen Hochmittelalters. Durch sein diplomatisches Geschick stellte er früh die Weichen für die Politik des Ordens. Elisabeths Vater, der Ungarnkönig Andreas II., belehnte diesen 1211 mit dem Burzenland, und der Polenherzog Konrad von Masowien holte ihn nach Preußen, wo ein Menschenalter später der Ordensstaat gegründet wurde. Konrad, ein Bruder des Landgrafen Heinrich Raspe, wurde Hochmeister.

Unter dem Landgrafen Heinrich Raspe IV. spielten die Ludowinger in der Reichspolitik noch einmal eine bedeutende Rolle. Zeitweilig übte der Landgraf sogar das Amt des Reichsprokurators aus. Und sein Neffe und designierter Nachfolger Hermann wurde (allerdings als Kind) mit der Tochter des Stauferkaisers Friedrich II. verlobt. Schließlich wurde Heinrich Raspe 1246 auf Betreiben des Papstes zum deutschen Gegenkönig (gegen Friedrich II.) gewählt. Da der Ludowinger aber bald darauf starb, musste der sich anbahnende Konflikt nicht mehr ausgetragen werden. Bruder und Neffe (dieser auf nicht ganz geklärte Weise) waren ihm im Tod bereits vorangegangen. So erlosch 1247 das mächtige Geschlecht der Ludowinger im Mannesstamme. Schon die zeitgenössische Geschichtsschreibung sah darin eine tiefe Zäsur in der thüringischen Geschichte und den Beginn großen Unheils für das Land.

Landgraf Heinrich Raspe IV. *Sog. Raspe-Figur, Eichenholz, Ende des 13. Jh.s (Thüringer Museum Eisenach).*

Die Eroberung von Eisenach durch die Wettiner im Jahre 1262. *Zeichnung in der „Landeschronik von Hessen und Thüringen“ des Wigand Gerstenberg, Ende des 15. Jh.s.*

Anspruch auf die Nachfolge in Thüringen erhoben sowohl Ludwigs und Elisabeths Tochter Sophie (verheiratet mit Heinrich II. von Brabant) als auch der aus der Ehe Juttas, der Tochter Hermanns I., mit Dietrich von Wettin stammende meißnische Markgraf Heinrich der Erlauchte. Im thüringisch-hessischen Erbfolgekrieg (1247/64), aus dem Hessen unter Sophie als selbstständige Landgrafschaft hervorging, konnte sich mit Unterstützung des Kaisers das Haus Wettin durchsetzen und für seine Markgrafen und späteren Kurfürsten das thüringische Landgrafenamt sichern. Thüringen wurde nun Teil des aufstrebenden wettinischen Territorialstaates, die Markgrafen von Meißen auch Landgrafen von Thüringen. Wenn die Landgrafschaft auch formal weiterbestand und einige Wettiner sich auch dauernd in Thüringen aufhielten, eine eigenständige politische Rolle spielte sie nur noch in einem äußerst begrenzten Maße.

Die Grafen von Weimar-Orlamünde

Als Ahnherrn des Grafengeschlechts wird ein Otto von Weimar vermutet, der im 9. Jahrhundert gelebt haben soll. Ins Licht der Geschichte rückt das Geschlecht aber erst unter einem Grafen Wilhelm im Jahre 975, als auf der Weimarer Burg ein von Kaiser Otto II. einberufener Conventus magnus stattfand. Neben dem Gebiet um Weimar gebot Wilhelm auch über Ländereien an der oberen Unstrut und an der Wipper. Doch schon sein Sohn stand gegen die Ottonen, so dass 984 Anhänger Kaiser Ottos III. seinen Weimarer Stammsitz, das „Hus tu Wymar", belagerten wie später auch die Ekkehardinger. Dabei handelte es sich um eine Wasserburg an einem leicht erhöhten Platz an der Ilm, die später zum ansehnlichen Hornstein ausgebaut wurde und an dessen Stelle heute das Weimarer Stadtschloss steht. Wie Kirchen immer wieder an dem selben (oft schon in vorchristlicher Zeit für Kultzwecke ausgesuchten Ort) errichtet wurden, so haben auch die adeligen Herrschaftssitze selten ihren Standort gewechselt. Deshalb ist es gut möglich, dass an gleicher Stelle im frühen 6. Jahrhundert schon die Thüringerkönige Hof hielten.

Auf dem hoch über der Saale gelegenen Orlamünder Bergsporn, also an der damaligen fränkischen Ostgrenze, existierte seit dem 9. Jahrhundert ebenfalls eine Wehranlage. Bereits in der ersten Hälfte des 11. Jahrhunderts war sie das Zentrum einer eigenständigen Grafschaft, die zunächst das Saaletal von Kahla bis Uhlstädt umfasste. Um 1060 überließ Erzbischof Siegfried I. von Mainz der Kirche in Orlamünde den Zehnten von 22 Dörfern. Als Gegenleistung erklärte sich der Orlamünder Graf bereit, den Zehnten von seinen Gütern an das Erzstift zu entrichten und die übrigen Thüringer Fürsten gleichfalls zu solchen Abgaben anzuhalten. Da diese das Ansinnen des Orlamünders zurückwiesen, kam es zur Auslösung des folgenreichen Thüringer Zehntstreites, in den neben dem Erzbistum Mainz, den Klöstern Fulda und Hersfeld fast alle Thüringer Adeligen verwickelt waren. Da auch Kaiser Heinrich IV. die Mainzer Forderungen unterstützte, gerie-

ten die Thüringer Fürsten in eine schwierige Lage. Zusammen mit ihren Bauern setzten sie sich schließlich 1073/75 im sächsisch-thüringischen Aufstand zur Wehr.
1062 fiel das gesamte Gebiet der Orlamünder an den Weimarer Grafen Otto II., der als Symbol seiner Macht den Löwen im Wappen führte. Vermutlich hat er sein Land von dem ihm zugefallenen Orlamünde aus regiert. Als sein Bruder Ulrich II. 1112 söhnelos starb, wollte König Heinrich V. die Grafschaft als erledigtes Lehen einziehen. Zu dieser Zeit war die Orlamünder Burg schon so wehrhaft, daß sie 1115 der Belagerung durch den mächtigen letzten Salier standhielt und auch danach nicht eingenommen wurde. Welche Bedeutung die von Ulrich II. ausgebaute Burg damals hatte, zeigt ihre Einzeichnung als einzige Thüringer Verteidigungsanlage in die um 1284 entstandene „Ebstorfer Weltkarte".
Nach dem Tod Graf Wilhelms IV. kam es 1140 abermals zu Streitigkeiten, die schließlich dadurch beigelegt wurden, dass der brandenburgische Markgraf Albrecht der Bär, der Sohn Ottos des Reichen von Ballenstedt, als nächster Anverwandter die Grafschaft zum Lehen erhielt. Da er selbst nicht nach Thüringen gehen konnte, betraute der einflussreiche Askanier seinen zweiten Sohn Hermann mit der Verwaltung des Landes. Dieser nannte sich ab 1167 Graf von Weimar-Orlamünde, obgleich auch er, in die Kriege gegen Heinrich den Löwen verwickelt, kaum in Orlamünde gewesen sein dürfte. Seitdem sind die Grafen von Weimar-Orlamünde eine Linie des mächtigen askanischen Fürstenhauses.
Unter Siegfried III. und seinem Sohn Hermann II. scheint die Grafschaft eine Blütezeit erlebt zu haben. Aktivitäten wie die Gründung des Klosters Oberweimar als Orlamünder Grablege und die Erhebung Weimars zur Stadt deuten auf den Versuch hin, die noch schwache Landesherrschaft zu festigen und gegenüber den allmächtigen Thüringer Landgrafen abzugrenzen. Dies dürfte um so mehr zugetroffen haben, als es Hermann gelang, die Herrschaft Plassenburg mit Kulmbach sowie die Burg Lauenstein zu erwerben und damit sein Territorium bis nach Franken hin auszudehnen. Doch schon 1247 kam es unter Hermanns Söhnen zur Teilung der Orlamünder Lande und damit zur Schwächung des Grafen-

hauses. Ein übriges taten die hohen Schulden und die unglückliche Hand in der Politik. Schließlich mussten die Orlamünder 1344 ihr Land an die Wettiner verkaufen. Von der einstigen Macht und dem großen Einfluß des Grafenhauses, das 1486 endgültig erlosch, zeugt heute nur noch die wuchtige Orlamünder Kemenate.

Übersicht zu den Herrschaftsgebieten der Orlamünder

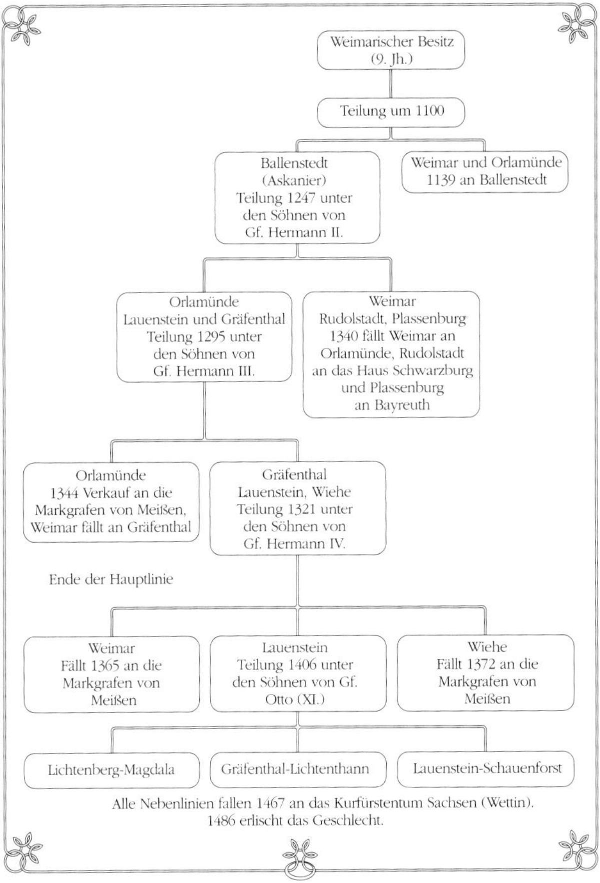

***Die Kemenate von Orlamünde**, Zustand nach der Restaurierung.*

Die Kemenate von Orlamünde
Sie gehört zu den wenigen Baudenkmälern in Thüringen, die aus der ersten Hälfte des 11. Jahrhunderts stammen. Vermutlich war der 20 Meter aufragende, kastenförmige Turm der Burg – darauf verweisen die zahlreichen in Orlamünder Wohnhäusern verbauten romanischen Säulen – in seinem Innern kunstvoll gestaltet. Da in ihm aber Spuren von Kaminen (daher überhaupt die Bezeichnung Kemenate) fehlen, wird er wohl hauptsächlich zu Wehrzwecken genutzt worden sein. Größere kulturelle Ereignisse werden hier kaum stattgefunden haben. Das höfische Leben der Orlamünder wird sich auf anderen Burgen abgespielt haben.

Mit den Orlamünder Grafen und ihren Burgen ist auch die Sage von der „Weißen Frau" verbunden. Hinter dieser schauervollen Gestalt verbirgt sich die Witwe Ottos VII., Kunigunde, eine Lobdeburgerin aus der Leuchtenburger Linie, die im 14. Jahrhundert lebte. Aus Liebe zu dem Nürnberger Burggrafen Albrecht dem Schönen, einem Hohenzoller, soll sie ihre zwei Kinder kaltblütig ermordet haben und (so die heutige Lesart) dazu verurteilt worden sein, als ewige Büßerin zu mitternächtlicher Stunde an ihren ehemaligen Wohnstätten, vor allem auf der Plassenburg und auf der Burg Lauenstein, ihr Unwesen zu treiben. Auch auf den preußischen Königsschlössern will man sie gesehen haben, und zwar immer dann, wenn bei den Hohenzollern ein Todesfall bevorstand.

Ludwig Bechstein: Die Gräfin von Orlamünde (1858)

Als der Orlamünder Graf gestorben war, geschah es, dass sie eine heftige Liebe gewann zu Albrecht dem Schönen, Markgrafen von Brandenburg und Burggrafen von Nürnberg, und heimlich forschen ließ, ob dieser wohl geneigt sei, sich mit ihr zu verbinden. Es war aber schon zwischen dem Markgrafen und der Gräfin Sophia von Henneberg eine Verbindung im Gange, welche des Markgrafen Eltern lebhaft wünschten, und Albrecht ließ die Äußerung fallen, als ihm unter der Hand von der Neigung der Gräfin Orlamünde zuging: Wenn vier Augen nicht wären. Dieses hörte die Gräfin und deutete es auf ihre zwei schuldlosen Kindlein, das eine, ein Söhnlein, von drei, das zweite, ein Töchterlein, von zwei Jahren, und ward von unsinniger Liebe zu dem Markgrafen also verblendet, dass sie den schwarzen Entschluss in ihrer Seele fasste, die Kindlein aus dem Wege zu räumen. Darauf gewann sie mit Gaben einen Dienstmann, Haider, die Kindlein umzubringen, und als dieser zur Tat schritt, soll der kleine Graf gefleht haben:

Lieber Haider, lass mich leben,
Ich will dir Orlamünde geben;
Auch Plassenburg, das neue,
Auf das es dich nicht reue! -

und das Töchterlein:

Lieber Haider, lass mich leben,
Ich will dir alle meine Docken geben! -

aber der Mörder ließ sich nicht erflehen und vollbrachte die Untat, hat aber nachher auf der Folter bekannt, das sie ihn schrecklich gereut habe, wenn er der Worte der unschuldigen Kinder, insonderheit des Mägdleins, gedacht. Da nun die Gräfin ihren Zweck dennoch nicht erreichte, fiel sie in Reue und Verzweiflung, übte schwere Buße und fand auch nach ihrem Tode keine Ruhe, sondern wandelt als die bekannte weiße Frau auf dem Schlosse Plassenburg umher. Sie rutschte auf ihren Knien bis zum Kloster Himmelkron und liegt alldort begraben.

Im 18. und frühen 19. Jahrhundert ist diese Sage von zahlreichen Schriftstellern aufgegriffen worden. Zuerst geschah dies bei dem Weimarer Pagenhofmeister und späteren Gymnasialprofessor Johann Karl August Musäus. In seinem Kunstmärchen „Die Nymphe des Brunnens" (1782) lässt er Kunigunde die Kinder nicht töten, um die Zuneigung eines anderen Mannes zu gewinnen, sondern um sich die Liebe ihres Gatten zu bewahren. Die „weiße Frau" gibt sich schließlich in Gestalt einer Nymphe als gute Fee zu erkennen und führt die Knaben ins Leben zurück. Musäus hat diesem publikumswirksamen Stoff noch ein zweites Mal in seinem Märchen „Die Entführung" (1787) Gestalt gegeben. Daran lehnt sich Theodor Körner in seiner vielstrophigen Schauerballade „Wallhaide" an, in deren erster, stimmungsvoller Strophe der phantasievolle Leser die Orlamünder Kemenate wiedererkennen mag. Auch der Berliner Romantiker E.T.A. Hoffmann verzichtete auf das Thema nicht. Im 2. Band der „Serapionsbrüder" (1819/21) hat er eine kurze unbetitelte Geschichte eingefügt, in der der Tochter des Schlossherrn, Adelgunde, die „weiße Frau", „wie in Nebel gehüllt ... und die Hand nach ihr erstreckend", erscheint.

Die Weiße Frau.

Ein Gedicht in sieben Balladen

von

Christian Graf zu Stolberg.

Berlin,
in Commission bei J. E. Hitzig.
1814.

Titelkupfer *der Erstausgabe von Stolbergs Balladen.*

Theodor Körner: Wallhaide (1810)

Wo dort die alten Gemäuer stehn
Und licht im Abendrot schimmern,
Erhob sich ein Schloß in waldichten Höhn.
Nun liegt's versunken in Trümmern,
Nun pfeift der Sturm
In Saal und Turm
Nachts wandeln durch Türen und Fenster
Gespenster.

Grabstein für Kunigunde von Orlamünde *in der Stiftskirche des Klosters Himmelkron.*

Die Grafen von Käfernburg-Schwarzburg

Auf Dauer konnten sich in Thüringen nur die Grafen von Käfernburg-Schwarzburg halten, deren dynastische Tradition bis ins 8. Jahrhundert zurückreicht. So wird in einem im Jahre 722 von Papst Gregor II. verfassten Schreiben, das in der Briefsammlung des Bonifatius überliefert ist, neben vier weiteren Adeligen auch ein Gundhareus (was Gundar oder Gunther heißt) angesprochen. Dieser ist mit einiger Sicherheit der Ahnherr der Schwarzburger, deren Leitname Günther ist. Sie sind damit das älteste edelfreie Geschlecht Thüringens. Dem Schreiben ist zu entnehmen, dass Gunther erst kurz vorher zum Christentum bekehrt wurde, darauf möglicherweise in Beziehung stand zum Kloster Ohrdruf, in dessen Gegend er auch über Hausbesitz verfügte.

***Die ersten Schwarzburger** in einer Radierung aus der 2. Hälfte des 19. Jh.s – (von links nach rechts) die Grafen Gundar, Sigerus und Sizzo. Die Darstellung geht zurück auf das sog. Käfernburger Gemälde aus dem frühen 16. Jh., das sich im Schloßmuseum Arnstadt befindet.*

Das Wappen der Schwarzburger.

Die urkundlich gesicherte Geschichte der Schwarzburger beginnt 1123 mit Graf Sizzo III., der in unmittelbarer Nachbarschft des ludowingischen Hausklosters Reinhardsbrunn 1143 das Kloster Georgenthal gründete. Er und seine Vorfahren geboten im sogenannten Längwitzgau, jenem Teil des südöstlichen Thüringen, der von der Gegend um Arnstadt mit der Käfernburg bis ins Schwarzatal reichte. Zu Sizzos Besitz gehörte auch das abgelegene Kloster Paulinzella, an dessen Gründung er vermutlich schon beteiligt war; und Berta von Groitzsch, die 1133 das Kloster Bürgel stiftete, war eine nahe Verwandte von ihm. Sein nach und nach gewachsener Besitz stammte aus Reichs- und Kirchenlehen, Ausdruck seiner bedeutenden Stellung unter den Großen in Thüringen. Sizzo, der über einen ungewöhnlich langen Zeitraum politisch wirksam war, er starb 1160, ist auch der Erbauer der im Schwarzatal gelegenen Schwarzburg, die dem Geschlecht den zweiten Namen gab. 1221, 1280, 1285 und 1340 kam es zu Landesteilungen. Die 1285 gebildete Blankenburger Linie wurde die bedeutendste und dauerhafteste. Aus ihr gingen 1571 die vier neuzeitlichen Linien hervor.

Schon im 13. Jahrhundert erwarben die Schwarzburger Ländereien an der mittleren Saale um Rudolstadt und an der Schwarza bei Blankenburg, wo sie eine der größten thüringischen Burgen errichteten. Im 14. Jahrhundert beerbten sie die Grafen von Beichlingen mit Frankenhausen und dem Kyffhäuser sowie die Grafen von Honstein mit Sondershausen und der Hainleite. Damit herrschten sie auch in Nordthüringen. Es gelang ihnen aber nie, die weit voneinander entfernt liegenden Besitzungen miteinander zu verbinden. Im „Thüringer Grafenkrieg" (1342/46) konnten die Schwarzburger ihren großen Besitz als nahezu einziges Geschlecht ohne Verluste gegen die Wettiner behaupten.

Die Blankenburg

Die nördlich der gleichnamigen Stadt gelegene Anlage gehört mit ihrem weiträumigen Verteidigungssystem zu den größten ihrer Art in Thüringen. Wann sie gegründet wurde, ist unbekannt. 1137 wird sie erstmals genannt. Um die Mitte des 14. Jahrhunderts wurde die Hauptburg mit Rundturm, Kapelle sowie Wohn- und Wirtschaftsgebäuden ausgebaut. 1304 wurde dort der spätere Graf Günther XXI. geboren. Ab dem 16. Jahrhundert verfiel die Blankenburg zur Ruine. Seit dem 17. Jahrhundert ist der Name Greifenstein, wie sie auch heute meist genannt wird, geläufig. In der Zeit der Romantik begannen Instandsetzungs- und Sicherungsarbeiten.

Die Blankenburg.

Graf Günther XXI.
von Schwarzburg als deutscher König. Majestätssiegel von 1349.

Wie groß das Ansehen der Schwarzburger war, zeigt 1349 die Wahl Günthers von Schwarzburg zum deutschen Gegenkönig. Er war ein Anhänger Kaiser Ludwigs des Bayern und sollte dessen Nachfolger werden. Der Papst und drei Kurfürsten favorisierten jedoch Karl IV. aus dem Hause Luxemburg. Von seinen Verbündeten im Stich gelassen, erlag er nur fünf Monate nach seiner Wahl der Pest. Der Sieger ließ ihn mit königlichen Ehren im Bartholomäus-Dom zu Frankfurt am Main beisetzen. Sein Grabmal ist noch heute in der Wahlkirche der deutschen Könige zu sehen.

Die Grabplatte Günthers XXI.
im Frankfurter Bartholomäus-Dom.

Die Grafen von Henneberg

Ihr Gegenstück fanden die thüringischen Schwarzburger südlich des Thüringer Waldes in den fränkischen Grafen von Henneberg. Ihr Herrschaftsgebiet war das Grabfeld, das sich nach Süden hin bis zur Rhön, dem Spessart und dem Obermain erstreckt. Die namensgebende Stammburg befindet sich im Zentrum des Grabfeldes an der Straße von Würzburg nach Meiningen.

Die Henneburg
Sie erhebt sich auf einem steilen, über 100 hohen Bergkegel hoch über dem Dorf Henneberg. Sie wurde seit dem 11. Jahrhundert zu einer der größten Anlagen ihrer Art im südthüringisch-fränkischen Raum ausgebaut. Nachdem die Henneberger im 13. Jahrhundert ihren Machschwerpunkt an die untere Schleuse verlegten, diente die Burg nur noch militärischen Zwecken. Im Bauernkrieg wurde sie niedergebrannt. Seitdem ist sie eine Ruine. Doch existieren noch die gesamte 10 bis 15 Meter hohe Ringmauer und der Bergfried, sowie die Reste des Palas und einer Kemenate.

***Die Ruine der Henneburg**, der Stammsitz des Grafengeschlechtes.*

Als Ahnherren des späteren (gefürsteten) Grafengeschlechts galten lange die seit dem 9. Jahrhundert im Grabfeldgau gebietenden Popponen, die nach ihrer Burg Bamberg auch Babenberger genannt wurden. Neueren genealogischen Forschungen zufolge sollen die in der annalistischen Überlieferung erstmals 1096 genannten Henneberger aber auf eine der Abtei Fulda nahestehende edelfreie Familie zurückgehen. Als Rivalen des Hochstifts Würzburg konnten sie sich zeitweilig bis zum Main hin ausdehnen. Mit der Gründung des Hausklosters Veßra 1131/35 und der späteren Residenz Schleusingen verlagerte sich ihr Machtschwerpunkt zum Thüringer Wald hin.
Der erste Henneberger, der weithin auf sich aufmerksam machte, war Graf Otto II. von Botenlauben. Sein Beiname bezieht sich auf die gleichnamige im Maintal bei Kissingen gelegene hennebergische Burg. Der 1244 gestorbene Sohn Graf Poppos VI. war ein berühmter Minnesänger. 14 Lieder sind von ihm überliefert. Seine Kindheit hat er am literaturfreundlichen Hof König Heinrichs VI., dem Sohn Kaiser Friedrich I. Barbarossa, verbracht. Als Kreuzzugsteilnehmer war er lange in Akkon.

Graf Otto II. von Botenlauben. *Miniatur aus der kurz nach 1300 in Zürich entstandenen „Manessischen Handschrift“.*

Die Grafen der Linie Henneberg-Schleusingen

Berthold III. (V.)	1262-1284
Berthold IV. (VII.)	1284-1340
Heinrich VIII.	1340-1347
Johann I.	1347-1359
Heinrich X.	1359-1405
Wilhelm I.	1405-1426
Wilhelm II.	1426-1444
Wilhelm III.	1444-1480
Wilhelm IV.	1485-1559
Georg Ernst	1543-1583

Als die „Alte Herrschaft" unter den Söhnen Heinrichs III. 1274 geteilt wurde, entstanden drei Linien: Schleusingen, Aschach (bei Kissingen) und Hartenberg (bei Römhild). Die Hauptlinie beherrschte das Schleuse- und das Haselgebiet, die anderen Linien geboten über Räume um Themar, Maßfeld, Wasungen und Römhild. Später kamen noch das Salzunger Land und das obere Werragebiet mit Coburg sowie die Gegenden um Heldburg und Sonneberg hinzu. Damit gehörte den Hennebergern, was einem Geschlecht selten gelungen ist, ein geografisch zusammenhängender und geschlossener Raum. Noch heute ist es üblich, dieses Gebiet als Henneberger Land zu bezeichnen.
Unter Graf Berthold IV. (nach anderer Zählung VII.) erlangten die Henneberger im frühen 14. Jahrhundert ihre größte politische Bedeutung. Berthold war eine gestaltende Kraft der Reichspolitik. Als solche stand er an der Seite dreier Kaiser: des Habsburgers Albrecht I., des Luxemburgers Heinrich VII. und der Wittelsbachers Ludwig des Bayern. Als der Luxemburger seinen unmündigen Sohn Johann zum König von Böhmen einsetzte, bestimmte er Berthold zusammen mit dem Erzbischof von Mainz zu dessen Vormund und kaiserlichen Stellvertreter in Böhmen. 1314 bewarb er sich selbst um die deutsche Königskrone. Als Dank für die erbrachten Leistungen wurden die Henneberger 1310 gefürstet. Trotz des stetigen Machtzuwachses gelang es ihnen aber nicht, ihr großes Territorium zusammenzuhalten. So musste die von Berthold

Graf Berthold IV. (VII.) von Henneberg-Schleusingen *mit seiner Gemahlin Adelheid. Aus einer Kopie des „Chronicon Hennebergense de Monachus Vesserensis", um 1700.*

erworbene (jedoch zeitweilig askanisch verwaltete) „Pflege" Coburg, die sog. „Neue Herrschaft", über die weibliche Erbfolge schon sein Nachfolger Heinrich VIII. 1354 an die Wettiner abtreten, in deren Besitz sie bis zum Ende der Monarchien blieb. Die zeitweilig verlorene Herrschaft Schmalkalden dagegen konnte 1360 gemeinschaftlich mit Hessen zurückgekauft werden. Sie wurde fortan im Kondominat regiert, woran in der Stadt noch heute der Hessenhof erinnert. 1406 setzte sich die Landgrafschaft Hessen auch im hennebergischen Vacha fest. Andere Gebiete – so Mellrichstadt – gingen an das Hochstift Würzburg, dem größten Konkurrenten der Henneberger.

Übersicht zu den hennebergischen Ländern

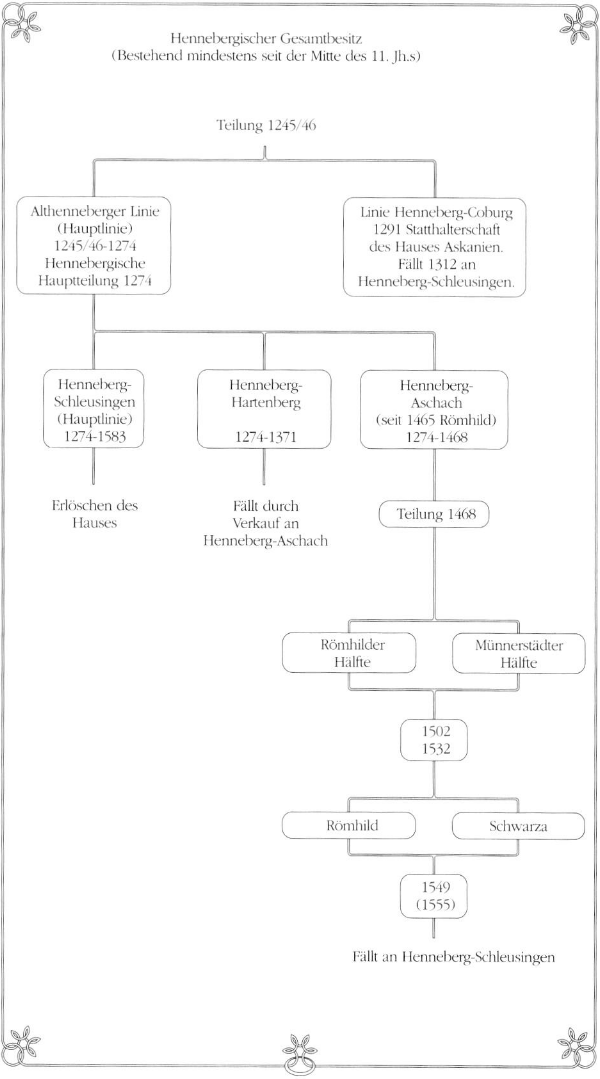

Die Vögte von Weida, Gera und Plauen

Dieses 1122 erstmals genannte Reichsministerialengeschlecht residierte in Weida. Es wird vermutet, dass es aus der Gegend von Mühlhausen stammte und im Zuge der Ostkolonisation mit Gebieten östlich der Saale belehnt wurde. Das sich bis hin ins Fränkische erstreckende Vogtland verdankt den Weidaern, die sich später offiziell „Vögte" nannten, seinen Namen. Ihr erster bedeutender Vertreter, Heinrich II., der Reiche, wurde noch von den Ludowingern mit einer kleinen Herrschaft belehnt, die er durch seine Teilnahme an der Erschließung von slawischen Gebieten beträchtlich erweitern konnte. Obwohl von niedrigstem Adel und geringem politischen Einfluss genoss Heinrich ein hohes Ansehen, was er vermutlich auch seinen verwandtschaftlichen Verbindungen zum sächsischen Pfalzgrafenhaus und zu den Schwarzburgern zu danken hatte. Als der erste bedeutende Vertreter des späteren Hauses Reuß auf die Seite der Staufer übertrat, konnte er seine Macht festigen und den Grundstein für die spätere Landesherrschaft seines Geschlechts legen. Mit der planmäßigen Ansiedlung von deutschen Bauern und der Anlegung von Dörfern stellte er die Weichen für die künftige zivilisatorische Entwicklung. Sein Besitz konzentrierte sich zunächst im Elstergebiet um Gera, Ronneburg, Greiz und Plauen. Die spätere Residenz Greiz erhob er 1209 zur Stadt.

Einer seiner Nachfolger, Heinrich I., Vogt von Plauen, trug den Beinamen „Ruthenus" oder „der Russe", wovon sich der spätere Name des Geschlechtes Reuß ableitet. Er war mit Marie Swihowska verheiratet, in der die Tochter eines polnischen Magnaten und einer russischen Großfürstin gesehen wird. Der Vorname aller männlichen Erben des Geschlechtes war immer Heinrich, vermutlich zu Ehren des Staufer-Kaisers Heinrich VI., der Heinrich den Reichen zum quedlinburgischen Stiftsvogt erhob. Die Zählung wurde so praktiziert, dass jede Linie neu begann.

Im 15. Jahrhundert war der Reuße Heinrich von Plauen Hochmeister des Deutschen Ritterordens. Er war der Nachfolger des glücklosen und 1410 bei Tannenberg gefallenen Ulrich

***Ansicht des Prämonstratenser-Stiftes Mildenfurth**, das Heinrich der Reiche 1193 gegründet hat. Darstellung aus dem 19. Jh.*

von Jungingen. Dem Reußen kam es zu, mit dem siegreichen Polenkönig Jagiello den 1. Thorner Frieden auszuhandeln und das geschlagene Land neu aufzurichten. Dass der Ordensstaat dabei kaum Zugeständnisse machen musste und seine territoriale Integrität wahren konnte, war dem diplomatischen Geschick des Reußen zu danken. In seinen Stammlanden konnte das immer noch schwache Geschlecht solche Erfolge allerdings nicht verbuchen. Um so verwunderlicher wird es sein, dass die reußische Landesherrschaft dauerhaften Bestand haben, wirkliche Bedeutung aber erst in der Neuzeit erlangen wird.

Die Herren von Lobdeburg

Dieses Herrengeschlecht, das sich nach der oberhalb von Lobeda (heute Stadtteil von Jena) errichteten und 1166 erstmals bezeugten spätromanischen Burg nannte, saß ursprünglich in Auhausen an der Wirnitz bei Dinkelsbühl. Als Gefolgsmann des Kaisers wird ein Hartmann von Auhausen erstmals 1133 in Thüringen erwähnt, und zwar in der Stiftungsurkunde des Benediktiner-Klosters Bürgel. Spätestens 1166 tauchen die Brüder Hartmann und Otto von Lofdeburch an der Saale als Burgherren auf. In welchem Verwandtschaftsverhältnis sie zu Hartmann standen, ist unbekannt. Zu dieser Zeit ist eine Familie gleichen Namens auch am Neckar bekannt. Ob diese mit den Thüringer Lobdeburgern verwandt war, kann nur vermutet werden. Es liegt aber nahe, dass die ins Saaletal übergesiedelte Adelsfamilie ihre Burg nach jener Lobdenburg (heute Ladenburg) am Neckar benannte und damit einen ursprünglich keltischen Namen ins Saalegebiet verpflanzte.
Schon bald waren die Lobdeburger das aktivste Adelsgeschlecht zwischen Saale und Weißer Elster. Der Aufbau eines geschlossenen Herrschaftskomplexes scheiterte jedoch, weil sie sich schon zu Beginn des 13. Jahrhunderts in mehrere Linien aufspalteten. Die noch lange mächtige Stammlinie residierte auf der Lobdeburg und auf der Leuchtenburg bei Kahla, die Nebenlinien, deren Herrschaftsgebiete relativ selbständig waren, im benachbarten Burgau (was nicht ganz sicher ist), auf der Burg Arnshaugk bei Neustadt an der Orla, auf der Saalburg und in Elsterberg. Es ist zu vermuten, dass die Leuchtenburg bald der Hauptsitz der Familie wurde.
An der Erschließung der slawisch besiedelten ostsaalischen Gebiete hatten die Lobdeburger einen herausragenden Anteil. Früh interessierten sie sich auch für das nahe Jena, wo sie eine Münzstätte unterhielten. Um 1230 erhoben sie den inzwischen zu einem wichtigen Gewerbe- und Handelsplatz aufgestiegenen Ort zur Stadt Jena.
Im 14. Jahrhundert ereilte die Lobdeburger das gleiche Schicksal wie die Orlamünder. Ihr Besitz fiel an die Wettiner. 1426 erlosch ihr Geschlecht im Mannesstamm.

Die Lobdeburg

Es gibt kaum eine mit der Lobdeburg vergleichbare Anlage in Thüringen, wenngleich es sich heute um eine Ruine handelt. Da es aber nie An- und Umbauten gegeben hat, ist alles noch Vorhandene Originalsubstanz aus dem 12. Jahrhundert. Gut erhalten ist der zwischen 1170 und 1180 erbaute romanische Wohnturm mit Resten von Kaminen und einer Kapelle. Die Ruine ist Vorbild für Goethes volksliedhaftes Gedicht „Bergschloss“ (1802), in dessen ersten beiden Strophen es heißt: „Da droben auf jenem Berge, / Da steht ein altes Schloss, / Wo hinter Toren und Türen / sonst lauerten Ritter und Ross. / / Verbrannt sind Türen und Tore, / Und überall ist es so still; / Das alte verfallne Gemäuer / Durchklettr'ich, wie ich nur will.“

Die Ruine der Lobdeburg.

Die Leuchtenburg

Sie gilt als die „Königin des Saaletals“. Ihr sprechender Name kommt vom hellleuchtenden (lichten), als nicht bewaldeten Gebirge her. 1221 wird die Burg das erste mal erwähnt, als Hartmann IV. von Lobdeburg-Leuchtenburg in Dornburg einen Rechtsstreit beilegte. In der zweiten Hälfte des 13. Jahrhunderts wurde die Burg ausgebaut. Heute ist davon nur noch der 30 Meter hohe Bergfried erhalten. Vom Palas existieren nur noch Mauerreste. 1333 verpfändeten die Lobdeburger ihre Burg an die Grafen von Schwarzburg. Diese übergaben sie 1389 den Erfurtern, 1396 fiel sie endgültig an die Wettiner, die später auf der Burg ein Zuchthaus einrichteten, das unter den Herzögen von Sachsen-Altenburg bis 1871 Bestand hatte. Die heutigen Bauten stammen zumeist aus dem 17. und 18. Jahrhundert.

Blick zur Leuchtenburg.

Die Burggrafen von Kirchberg

Zeitweilig hatten auch die Burggrafen von Kirchberg Bedeutung. Ihr Hauptsitz war die längst aufgegebene (und vermutlich in Teilen schon verfallene) Kaiserpfalz Kirchberg auf dem Hausberg bei Jena. Kaiser Konrad III. hatte 1149 den aus Kapellendorf stammenden Adeligen Dietrich (I.) als Burggrafen eingesetzt. Er ist der Stammherr der Grafen von Kirchberg, die mit dem Greifberg und dem Windberg noch zwei weitere Burgen auf dem Hausberg errichteten und schon am Ende des 12. Jahrhunderts zwischen Jena und Weimar über stattliche Ländereien verfügten. Das spätere Jena beherrschten sie aber nicht, denn das war lobdeburgisch. Dafür kontrollierten sie die vom Westen her ins Saaletal führende Straße, weshalb sie vor allem den Erfurter Kaufleuten ein Dorn im Auge waren.

Als die Kirchberger den Landfrieden brachen, nutzte der mächtige Erfurter Rat im Frühjahr 1304 die Gelegenheit und belagerte mit einem Heer des Thüringer Dreistädtebundes Kirchberg. Im Kampf wurden zwei Burgen zerstört. Greifberg blieb vorerst noch erhalten, geriet aber in die Hände der Belagerer. Diese sollen als Zeichen ihres Triumphes Samen des Färberwaids an den Hausberghängen ausgestreut haben.

Otto I. von Kirchberg, in der Sage „als gerecht und großmütig, tapfer und freigebig“ geschildert sowie „als Beschützer von Kirchen, Klöstern und Schulen gerühmt“, erhielt Windberg 1307 zurück. Die Macht seines Geschlechtes aber war gebrochen. 1331 verloren die Kirchberger ihre verbliebenen Besitzungen an die Grafen von Schwarzburg, diese mussten sie schließlich 1358 an die aufstrebenden sächsischen Wettiner abtreten. Seit 1350 finden wir die Kirchberger in Camburg, vorübergehend auch in Kranichfeld und seit 1418 in Altenberga bei Kahla, später in der Herrschaft Farnroda bei Eisenach. 1799 starb das Geschlecht aus.

Der Fuchsturm *auf dem Jenaer Hausberg. Er ist neben den Mauerresten und einem Brunnenschacht einziges Überbleibsel der Hausbergburgen Greifberg, Kirchberg und Windberg.*

Wandbild an der Nordseite des Chores der Ziegenhainer Kirche *unterhalb des Fuchsturmes. Leider ist es stark verblasst und durch unsachgemäße Behandlung beschädigt worden. In den abgebildeten Bauwerken sind die drei Hausbergburgen zu vermuten. Im oberen Teil ist der Zug der Könige und die Verkündigung an die Hirten dargestellt, im unteren Teil der Stall von Bethlehem mit der Anbetung der Könige.*

Siegel und Wappen der Burggrafen *Hartmann von Kirchberg (gest. 1327) und Georg von Kirchberg (gest. 1519).*

Wie der Fuchsturm zu seinem Namen kam?

1126 wurde Konrad I., Markgraf von Meißen, von seinem Bruder Friedrich gefangengenommen und auf die Burg Kirchberg gebracht. Wie die Sage wissen will, ließ er ihn in einen eisernen Käfig stecken und zum Bergfried der Burg heraushängen. Fliegen und Ungeziefer sollten Konrad genauso plagen wie die neugierigen Blicke der Bewohner. Weil er nach dem ihm nicht zustehenden Lande gegiert und intrigiert hatte, nannte man Konrad den „Fuchs". Der Turm wurde, seit er den „Fuchs" im Käfig trug, „Fuchsturm" genannt." – Ob der Name des 22 Meter hohen Turmes, der in der Sage als „Riesenfinger" bezeichnet wird, von der historisch verbürgten Gefangenschaft des meißnischen Markgrafen herrührt, ist eher zu bezweifeln. Da der Name schon im 16. Jahrhundert gebräuchlich war – also lange, bevor hier die Burschenschafter zu feuchtfröhlichen Gelagen zusammenkamen – wird er wohl auf die in den Felsspalten des Hausberges ansässigen Raubtiere zurückgehen.

Die Grafen von Beichlingen

Die Grafen von Beichlingen nennen sich nach der am Westhang der Finne gelegenen und schon in der 2. Hälfte des 8. Jahrhunderts bezeugten Burg im heutigen Beichlingen (bei Kölleda). Offensichtlich war das Geschlecht in der 2. Hälfte des 10. Jahrhunderts in den Besitz der Anlage gekommen. Welche Rolle dabei die schwarzburgische Verwandtschaft spielte, ist nicht bekannt. Später kamen Reichs- und landgräfliche Lehen hinzu, so dass sich das Beichlinger Gebiet im 12. Jahrhundert unter Graf Friedrich I. bis hin zum Kyffhäuser erstreckte. Nach dem Untergang der staufischen Macht geboten sie sogar über die Reichsburg Kyffhausen. Zeitweilig gehörten ihnen auch Ländereien im Eichsfeld und in der Mühlhäuser Gegend. Als die Wettiner in Thüringen Fuß fassten, zeigte es sich aber, dass die Grafen von Beichlingen viel zu schwach waren, um sich an der Seite dieser starken Fürsten behaupten zu können. 1519 verkauften die entmachteten und überschuldeten Grafen von Beichlingen ihre Burg an die Herren, seit 1702 Grafen von Werthern. Diese bauten die weiträumige mittelalterliche Anlage im 17. Jahrhundert zu einem noch heute beeindruckenden Renaissance-Schloss um.

Die Grafen von Klettenberg und die Grafen von Ilfeld-Honstein

Noch episodischer für die thüringische Fürstengeschichte blieben die Grafen von Klettenberg, die vermutlich auf einen Albert von Ballhausen zurückgehen, der 1144 in der Umgebung des Mainzer Erzbischofs genannt wird und über Ländereien am südlichen Rand der Goldenen Aue verfügte. Im thüringisch-hessischen Erbfolgekrieg ist das Geschlecht untergegangen, sein Land an die Honsteiner gefallen.

Der Überlieferung nach gehen die Grafen von Ilfeld-Honstein auf einen nicht weiter bestimmbaren Ilger (oder Elger) von Bilstein zurück. Dieser soll von der Werra in den südlichen Harz gekommen sein und die Burg Ilfeld erbaut haben. Dafür muss er in den Grafenstand erhoben worden sein. Zwischen 1119 und 1140 wird ein Graf Adelger mit Ilfeld in Verbindung gebracht, vielleicht war er der Sohn Ilgers. 1182 taucht dann erstmals der Herkunftsname Honstein auf. In der „Reinhardsbrunner Chronik" wird ein Konrad von Honstein als Neffe Ludwig des Springers bezeichnet. Ob die Ilfeld-Honsteiner tatsächlich mit dem Landgrafenhaus verwandt waren und sich deshalb so lange halten konnten, ist nicht belegt, doch möglich. Der Ausgangspunkt ihrer Herrschaft waren die Wälder des südlichen Harzes und das fruchtbare Land der Goldenen Aue. 1295 verfügten sie auch über mainzische Lehen, und 1325 gingen sie mit den Schwarzburgern eine Erbverbrüderung ein, die nach dem Tode Dietrichs V. von Honstein-Sondershausen wirksam wurde. Deshalb fiel das honsteinische Gebiet um Sondershausen an die Blankenburger Linie des Hauses Schwarzburg. Die übriggebliebene und mehrfach aufgespaltene Linie Honstein-Klettenberg erlosch erst 1593 im Mannesstamm und wurde vom Bistum Halberstadt aus verwaltet, mit dem es 1648 an Brandenburg kam. Die Gebiete der Heringer Nebenlinie wurden schon 1417 an die Grafen von Stolberg verkauft, die länger bestehende Kelbraer Nebenlinie gelangte über die eingeheirateten Grafen von Schwedt im 17. Jahrhundert ebenfalls an Brandenburg.

Die Grafen von Tonna-Gleichen

Eine nicht unbedeutenden Rolle im nordthüringischen Raum spielten die Grafen von Tonna, die seit 1099 mit einem Grafen Erwin I. in Gräfentonna, am Fuße der Fahner Höhe gelegen, nachweisbar sind. Schon 1162, unter Graf Ernst II., einem Vertreter der dritten Generation, wurden sie mit der im Gothaischen gelegenen Burg Gleichen belehnt. Fortan fügten sie den Namen ihres neuen Besitzes dem bisherigen zu.

Burg Gleichen
Die Ringburg wurde 1089 im Zusammenhang mit der Belagerung durch Kaiser Heinrich IV. erstmals genannt. 1130 kam die Burg in Besitz des Kurerzstifts Mainz, das sie 1162 an die Grafen von Tonna weitergab. Von 1378 bis 1455 ist sie Residenz der jüngeren Gleichenlinie. Seit Ende des 16. Jahrhunderts ließen die Grafen die Burg verfallen. Die gut gesicherte Ruine wird heute gern zusammen mit der benachbarten Mühlburg und der nahen Wachsenburg genannt. Gleichenburgen waren die beiden aber nie.

Burg Gleichen *bei Wandersleben.*

Die Sage vom Grafen von Gleichen

Als Kaiser Friedrich II. 1227 den Kreuzzug begann, bei welchem Landgraf Ludwig IV. zu Tode kam, zog auch Graf Ernst III. von Gleichen, nachdem er sich auf seiner Burg von seiner Gemahlin und seinen beiden Kindern ganz herzlich verabschiedet hatte, in das Heilige Land und kämpfte tapfer gegen die Heiden. Nach dem Waffenstillstand mit dem Sultan ließ der Kaiser den Gleichengrafen in Akkon zurück, damit dieser die alte Veste beschütze. Auf einem Erkundungsritt in die Wüste wurde er aber gefangen genommen und als Sklave gehalten. Während er im Garten des Sultans arbeiten musste, erblickte er dessen schöne Tochter und verliebte sich in sie. Als diese den wirklichen Stand des Gärtners erfuhr, versprach ihm die Sultanstochter die Befreiung. Doch müsse er sie mitnehmen und zu seinem ehelichen Weibe nehmen. Da er sonst nur den Tod zu erwarten hatte, willigte er ein. Da die schöne Heidin bereit war, dem Grafen zuliebe eine Christin zu werden, hoffte er, der Papst werde ihm diese zweite Ehe bewilligen. Die Flucht gelang, und in Rom wurden die beiden tatsächlich vom Papst getraut. Hierauf setzten sie ihre Reise fort und kamen glücklich nach Thüringen und an den Fuß der Gleichenburg, wo Ernsts Gemahlin den Totgeglaubten freudiglich empfing. Als er der Eheliebsten alles entdeckt hatte, segnete diese dankbar die Fremde, hatte sie ihr doch den Gemahl und den Vater ihrer Kinder wiedergegeben. Wie eine Schwester wollte sie die schöne Sarazenin lieben. Fortan nannte man diese Stätte das Freudental, denn die drei Verbundenen blieben einträchtiglich und liebevoll beisammen. Das dreischläfrige Bette, das sie sich haben richten lassen, soll noch vor 150 Jahren auf der Burg gestanden haben. Und ihr Grabstein im Dom zu Erfurt ist sogar heute noch vorhanden. Er zeigt den Grafen zwischen seinen beiden Gemahlinnen.

Grabmal eines Grafen von Gleichen *und seiner zwei Frauen an der südlichen Längshauswand des Erfurter Domes. Ursprünglich befand sich die Grabtafel im Peterskloster, zu Beginn des 19. Jh.s wurde sie hierher verbracht. Vermutlich gehörte die Tafel zum Grab Graf Lamberts II., der 1228 starb und tatsächlich an der Seite von zwei Ehefrauen beigesetzt wurde, doch hatte er die zweite erst nach dem Tode der ersten geehelicht! Seit dem 16. Jh. ist die Geschichte vom angeblich zweibeweibten Grafen immer wieder kolportiert worden. Sie regte aber auch die Fantasie der Dichter an.*

Darstellung des Grafen von Gleichen *im Erfurter Rathaus von Peter Janssen (1884).*

Dadurch dass die Grafen von Tonna-Gleichen die Vogtsrolle in Erfurt wahrnahmen, berührte sie der Aufstieg des Thüringer Landgrafenhauses nur wenig. Zeitweilig war ihre Macht im Gefolge des Kurerzstifts so groß, dass man in ihnen die Konkurrenten der Landgrafen sehen konnte. Ohne die Zustimmung der Grafen von Tonna-Gleichen wurde in Erfurt keine wichtige Entscheidung getroffen. Wenn sie durch die Stadt ritten, hatten ihnen die Ratsherren die Pferde zu führen. Wie hoch ihr Ansehen war, zeigen mehrere Kaiserurkunden aus dem 12. Jahrhundert, in denen Lambert II. von Tonna-Gleichen als Graf von Erfurt bezeichnet wird. Offiziell gab es diesen Titel nie.
Die Grafen von Tonna-Gleichen mussten sich dem Erfurter Rat erst unterordnen, als sie gegenüber dem Kurerzstift in Ungnade fielen und ihre Schulden ins Unermessliche wuchsen. Um diese zu begleichen, zwang man sie, ihre beträchtlichen Besitzungen im Eichsfeld 1294 an Mainz abzutreten.

Die geschwächten Grafen konnten diese nie wieder auslösen. Bis zum Ende seiner weltlichen Macht zu Beginn des 19. Jahrhunderts verblieb deshalb das Eichsfeld beim Kurerzstift. 1343 teilten die Grafen Hermann VI. und Ernst VII. ihren geschrumpften Besitz in eine Blankenhainer und in eine Tonnaer Linie. Der politische Einfluss des Hauses ging dadurch noch mehr zurück. 1599 übersiedelte der Tonnaer Graf von Gräfentonna nach Ohrdruf. Neuer Sitz des Hauses wurde das Schloss Ehrenstein. Der letzte Graf von Tonna-Gleichen starb 1631. Das Gebiet um Ohrdruf – der letzte Besitz der Grafen – kam unter die Herrschaft der Fürsten von Hohenlohe, die es bis 1918 unter gothaischer Oberhoheit besaßen.

Schloss Ehrenstein in Ohrdruf
Die reich verzierte unregelmäßige Vierflügelanlage wurde zwischen 1550 und 1590 unter Einbeziehung des mittelalterlichen Chorherrenstiftes von den Baumeistern Georg und Valentin Kirchhof im Renaissancestil für die Grafen von Tonna-Gleichen errichtet.

***Schloss Ehrenstein**, (1550/90) mit bemerkenswertem Erker und Portal.*

Die Schenken und Vitztume von Apolda

In dem seit 1119 bezeugten Ort gab es eine Burg, auf der 1123 ein Graf Wichmann als Burgherr saß. Dieser stand in enger Beziehung zu Erzbischof Adalbert I. von Mainz. Ob er oder der Vertreter einer anderen Adelsfamilie der Ahnherr der Mainzer Schenken ist, kann nicht mit Sicherheit gesagt werden. Doch schon die auf Wichmann folgende Generation nennt sich Schenken von Apolda und hatte das wichtige Amt des Erfurter Vicedominus inne. Seit Dietrich IV. von Apolda, der 1199 starb, führte die Familie den Titel Vitztum (abgeleitet vom lat. Vicedominus) von Apolda. Zeitweilig standen vier Mitglieder dieser Familie im Dienst der Mainzer Erzbischöfe. Die meisten von ihnen trugen den Namen Dietrich.

Ein Dietrich von Apolda lebte als Dominikaner in der zweiten Hälfte des 13. Jahrhunderts in Erfurt und verfasste eine lateinische Elisabeth-Legende (1289/90). Dietrich soll dafür eigene Nachforschungen angestellt haben. Vielleicht war dem Werk deshalb ein so großer Erfolg beschieden. Das meiste was wir heute über die Heilige Elisabeth wissen, entstammt der Dichtung Dietrichs.

Im 15. Jahrhundert fiel die Oberlehnsherrschaft über Apolda an die Wettiner, was einer Entmachtung der Vitztume gleichkam. Zu einer eigenen Landesherrschaft hatten sie es also nur in Ansätzen gebracht. Erst 1631 erlosch das Geschlecht der Vitztume von Apolda. Ihre heute noch vorhandene (wenn auch baulich stark zu einem bescheidenen Schloss veränderte) Burg wurde von den Wettinern eingezogen und der Universität Jena als Dotalgut übergeben. Diese bewirtschaftete es bis 1922.

Die Schenken von Vargula und die Schenken von Tautenburg

Im 10. und 11. Jahrhundert erwuchs aus dem Kreis der Bediensteten des Königs das Erzamt des Mundschenken. Seit dem 13. Jahrhundert war der jeweilige Mundschenk an allen Fürstenhöfen immer ein niedriger Adeliger. Dieser durfte für sich und seine Familie den erblichen Titel Schenk führen. Dieser entsprach dem eines Herren. Etwa seit der Mitte des 12. Jahrhunderts hatte das Schenkenamt am Thüringer Landgrafenhof ein Ministerialengeschlecht aus Großvargula unweit von Langensalza inne. 1178 taucht erstmals die Standesbezeichnung Schenken von Vargula auf.

Die Wasserburg der Schenken befand sich auf einer von der Unstrut gebildeten halbinselartigen Flussschleife. Sie wurde 1385 an die Stadt Erfurt verkauft und im 18. Jahrhundert zu einem heute noch existierenden Amtshaus umgebaut. Später gehörte es dem Herrengeschlecht von Sommerfeld.

Schenk Rudolf II. genoss seit 1203 das Vertrauen Landgraf Hermanns I. In dessen Auftrag brachte er 1211 die vierjährige Elisabeth, die spätere Frau Landgraf Ludwigs IV., von Ungarn nach Eisenach auf die Wartburg. Schwierige diplomatische Aufträge erfüllte er 1216 im Gefolge Kaiser Friedrichs II. in Würzburg und 1224 bei der Kurie in Rom. Seine Söhne Rudolf III. und Heinrich wurden für die Verdienste ihres Geschlechtes 1243 von Kaiser Friedrich II. mit Schloss und Forst Tautenburg belehnt. Seitdem nannten sich die Schenken von Vargula nach ihrem neuen, nördlich von Jena gelegenen Stammsitz.
Im 13. und 14. Jahrhundert erwarben die Schenken umfänglichen Besitz an der Saale. Sie waren in dieser Zeit auf dem Weg zu einer eigenen Landesherrschaft. Im Thüringer Grafenkrieg büßten sie allerdings den größten Teil ihrer Macht wieder ein. Schließlich wurden sie – wie die meisten anderen Herrengeschlechter – den siegreichen Wettinern lehnspflichtig. Darauf verließen einige Mitglieder der inzwischen weitverzweigten Familie Thüringen und gründeten eigene Linien, so

in der Oberpfalz, im Egerland, in Schweden und in den Niederlanden. Schenk Georg von Tautenburg erlangte unter Kaiser Karl V. als Gouverneur dreier niederländischer Provinzen hohe Würden und wurde 1531 mit dem Orden vom Goldenen Vlies ausgezeichnet. Dagegen verblieb die entmachtete jüngere Linie bis zu ihrem Erlöschen 1640 in Tautenburg und im benachbarten Frauenprießnitz.

Die Tautenburg. *Kupferstich von J. Chr. Friderici in seiner „Historia Pincernarum Varila-Tautenborgicorum" (1722).*

Die Wettiner – Weichenstellung für die Neuzeit

Vorfahren dieses bedeutenden Fürstenhauses gehörten vermutlich schon in karolingischer Zeit zur Reichsaristokratie. Im Zuge der Ostkolonisation kamen sie zu Macht und Ansehen. Als Träger des sächsischen Pfalzgrafenamtes saßen sie auf der Burg Goseck zwischen Naumburg und Weißenfels, später auf der 961 erstmals genannten und ihrem Geschlecht den Namen gebenden Saaleburg Wettin nordöstlich von Halle.
1089 war das einflussreiche Adelshaus erstmals mit der neugebildeten Markgrafschaft Meißen belehnt worden. Nach dem Aussterben der Landgrafen im Mannesstamme wurden sie auch die Herren des größeren Teils von Thüringen. Seitdem regierten sie Gebiete, die später zu den Ländern Sachsen, Sachsen-Anhalt und Thüringen gehören werden. Wenigstens seit 1423, als ihnen Kaiser Sigismund die Kurfürstenwürde übertrug, gehörten die Wettiner zu den bedeutendsten Fürstengeschlechtern des Reiches, ja Europas. Nur die mit ihnen verwandten Habsburger verfügten über mehr Einfluss. Trotz mehrfacher Teilungen ihrer Lande und damit verbundener Machteinbußen konnten sie die Geschicke des mitteldeutschen Raumes bis in das 20. Jahrhundert hinein mitbestimmen. Vor allem in der Kultur haben sie der von ihnen gestalteten Landschaft ein unverwechselbares und heute noch nacherlebbares Aussehen gegeben.

Auch bei den Wettinern liegt die frühe Genealogie im Dunkeln. Ein Burchard oder Bukko, Graf im Grabfeldgau und von den Karolingern mit der sorbischen Mark belehnt, wird vielfach als ihr Ahnherr angesehen. Ob die Wettiner aber tatsächlich auf die Bukkonen (oder Burcharde) zurückgehen, ist verschiedentlich bezweifelt worden. Wenn das der Fall sein sollte, ist Dedo, unter Kaiser Otto I. Markherzog an der unteren Saale, ein Enkel Burchards. Sicher ist das aber nicht. Es gibt aber auch Anzeichen für eine süddeutsche Abstammung der Wettiner. So ordnete Eike von Repgow, der berühmte Verfasser des zwischen 1220 und 1235 entstandenen „Sachsenspiegels“, dieses Geschlecht den Schwaben zu. Für diese These spricht auch der von den Wettinern häufig benutzte Name Friedrich. Aber auch noch eine dritte Variante, eine Herkunft aus dem Harzgau, wurde schon diskutiert. Bleiben wir bei der ersten Variante. Dedos Söhne Burchard, Dedo und Dietrich saßen demnach auf der Burg Goseck. Die Nachkommen des ältesten stellten in fünf Generationen die sächsischen Pfalzgrafen, bis das Amt an das Haus Sommerschenburg überging und schließlich durch Heirat 1181 an den Ludowinger und späteren Thüringer Landgrafen Hermann I. kam. Der Besitz der Pfalzgrafschaft hatte zwar politisches Gewicht, doch bestand sie nur aus kleinen Gebieten um Goseck, Sangerhausen und Allstedt.

Während der jüngere Dedo in Italien bei einem Feldzug ums Leben kam, setzte Dietrich, gestorben vor 976, das Geschlecht fort. Er muss als der wirkliche Stammvater des Hauses Wettin angesehen werden. Seine Nachkommen dienten den Ottonen. Dietrich II., der gegen die Polen kämpfte und die Lausitz kolonisierte, wurde 1031 mit der Ostmark (also Gebieten an der unteren Mulde, der mittleren Elbe und in der Niederlausitz) belehnt. Seine Ermordung 1034 bremste den Aufstieg des nunmehr in die Linien Eilenburg, Brehna und Wettin aufgespaltenen Geschlechtes. Hundert Jahre später konnte Konrad I. die wettinische Macht wiederherstellen. 1135 war ihm sogar das Erbe Wiprechts von Groitzsch zugefallen. Dieser war der wichtigste Adelige im Mittelelbegebiet, später gebot er auch über die Marken Lausitz und Meißen. Als er sich 1123 gegen den Kaiser stellte, brach sein Herrschaftsbereich auseinander. Die Wettiner, die ihn nach seinem Tode beerbten, hatten mehr Glück bei der Errichtung ihrer Landesherrschaft.

Wenn sich das Geschlecht bald darauf auch erneut zersplitterte – in die Markgrafschaft Meißen sowie in die Grafschaften Eilenburg, Wettin, Groitzsch-Rochlitz und Brehna –, gilt doch Konrad I. als der eigentliche Begründer des wettinischen Staates. Im 19. Jahrhundert erhielt er sogar den Beinamen „der Große“. Dabei hat er manche entwürdigende Niederlage einstecken müssen – wie seine Gefangennahme auf der Burg Kirchberg 1126 durch seinen Bruder zeigt. Auch verlor er das wichtige Milzenerland um Bautzen an die böhmische Krone. Doch gehörte Konrad schon zu jenen wettinischen Fürsten, die ihre politischen Unternehmungen mit festen religiösen Absichten verbanden. Folgerichtig starb der erste bedeutende Wettiner als Mönch. Sein Sohn Otto I., der Reiche, erwarb sich große Verdienste bei der Besiedlung und Erschließung des Landes. Der von ihm geförderte Silberbergbau um die Neugründung Freiberg wurde später das wirtschaftliche Rückgrat Sachsens.

***Konrad I.**, der Große. – Dieser Markgraf gilt als der eigentliche Begründer des wettinischen Staates. Deshalb beginnt auch der zwischen 1872 und 1876 von Adolf Wilhelm Walter für das Dresdener Schloss geschaffene „Fürstenzug“ (hier ein Ausschnitt) mit diesem Wettiner.*

Da die anderen wettinischen Linien ausstarben, blieben die meißnischen Markgrafen als die einzigen Vertreter ihres Geschlechtes übrig. Brehna mussten sie an die Askanier abgeben, und Wettin fiel an das Erzbistum Magdeburg. Niemals haben sie versucht, ihre Stammburg wiederzuerlangen. Der Herrschaftsbereich der Wettiner ist seit Konrad und Otto identisch mit der Markgrafschaft Meißen. Erst 1247 werden die wettinischen Lande durch den Anfall Thüringens beträchtlich nach Westen hin erweitert.

Zustande gebracht hat diesen Machtzuwachs Heinrich der Erlauchte, einer der bedeutendsten Wettiner des Mittelalters. Als Minnesänger ist der Neffe Landgraf Hermanns auch eine Gestalt der Literaturgeschichte. Am Meißner Hof seines Vaters hatten Walther von der Vogelweide und Heinrich von Morungen gesungen. Er selbst hatte als Kind auch das reiche literarische Leben am hennebergischen Hof kennengelernt.

Schon 1242/43 erhielt Heinrich die Eventualbelehnung von Thüringen. Als sie nach dem Tod Heinrich Raspes wirksam wurde, meldeten Sophie von Brabant und Siegfried von Anhalt gleichermaßen ihre Ansprüche an. Da die Reichsgewalt am Ende der Stauferherrschaft schwach war, kam es zum Krieg, aus dem Heinrich schließlich als Sieger hervorging. Dass er 1262 in Eisenach einziehen konnte, hatte er auch dem Schenken Rudolf von Vargula zu verdanken, der für den nach Böhmen geflohenen Markgrafen dessen Widersacher bei Besenstedt entscheidend schlug. Der Erbfolgekrieg war damit entschieden.

Die Wettiner vom Erwerb der Landgrafschaft Thüringen bis zur Leipziger Teilung

Heinrich der Erlauchte	1247-1288
Albrecht der Entartete	1288-1307
Friedrich der Freidige	1307-1323
Friedrich der Ernsthafte	1323-1349
Friedrich der Strenge	1349-1381
Friedrich der Streitbare	1381-1428
Friedrich der Sanftmütige	1428-1464
Ernst	1464-1485

Die Markgrafen Dietrich der Bedrängte und Heinrich der Erlauchte *im Dresdener Fürstenzug.*

Albrecht der Entartete (sein Beiname verweist auf seine moralischen Unzulänglichkeiten), Heinrichs Sohn, hätte die wettinische Herrschaft über Thüringen beinahe verspielt. Zu sehr schwächten untereinander ausgetragene Zwistigkeiten die Familie. So stellte sich Kaiser Rudolf I. von Habsburg gegen die Wettiner und hielt sich 1289/90 fast ein ganzes Jahr lang in Erfurt auf. Über Altenburg setzte er sogar einen Burggrafen ein. Die Landgrafschaft Thüringen wollte er seiner eigenen Hausmacht unterstellen. Die Wettiner waren dem Bankrott nahe. 1307 erfochten sie aber bei Lucka einen wichtigen Sieg über den deutschen König und retteten damit ihre Herrschaft. Ihrem Aufstieg als Territorialmacht in Mitteldeutschland stand nun nichts mehr im Wege. Eine Zeit der Konsolidierung und Stabilisierung begann.

Die Schlacht bei Lucka (1307)

Nachdem König Albrecht I. sich Böhmen gefügig gemacht und seinen Sohn mit dem reichen Land belehnt hatte, wollte er die gegen die Zentralgewalt gerichtete Macht der meißnischen Markgrafen brechen und Thüringen seiner Hausmacht unterstellen. Auf dem Hoftag von Fulda im Juli 1306 aberkannte er den Wettinern den thüringischen Landgrafentitel. Zuerst belagerte Albrecht die Wartburg. Als Friedrich der Freidige (der ihm von Johannes Rothe gegebene Beiname bedeutet soviel wie stark und mutig) mit seinem Bruder Diezmann aber entkam, verfolgte er die beiden und stellte sie am 31. Mai 1307 auf der „Streitstatt" nordwestlich von Lucka. Der Habsburger unterlag aber dem meißnischen Markgrafen, sein Heerführer Heinrich von Nortenberg geriet sogar mit einer großen Anzahl Adeliger in Gefangenschaft. Mit Bezug auf den schwäbischen Kern der Reichstruppen lebte im Altenburger Land noch lange der Spruch: „Es wird dir glücken wie den Schwaben bei Lücken."

Mit dem Sieg der Wettiner bei Lucka war die deutsche Krone in ihrem Ringen um eine starke Zentralgewalt einmal mehr an einer aufstrebenden Partikulargewalt gescheitert, im mitteldeutschen Raum sogar endgültig. König Albrecht I. zog sich aus Mitteldeutschland zurück und rief zu einer Reichsversammlung auf der in der Schweiz gelegenen Habichtsburg, dem Stammsitz seines Geschlechts. Auf dem Wege dorthin wurde er von seinem Neffen Johann von Schwaben (genannt Parricida) erschlagen, weil diesem das rechtmäßige Erbe vorenthalten wurde. Schiller lässt diesen Meuchelmörder in seinem „Wilhelm Tell" (1804) auftreten und verurteilen. Nur wenn es um die Freiheit eines Volkes gehe wie in seinem Schauspiel, sei eine solche Tat zu dulden.

Albrecht der Entartete lebte lange auf der Wartburg, und zwar sommers wie winters. Auch sein Sohn Friedrich der Freidige bevorzugte die alte Landgrafenburg als Aufenthaltsort. Diesem bedeutenden Fürsten kommt das Verdienst zu, die Herrschaft der Wettiner zwischen Elbe und Thüringer Wald durch einen Landfrieden wieder auf feste Füße gestellt zu haben. 1310 erkannte König Heinrich VII. das Erbrecht der Wettiner auf Thüringen endgültig an. Friedrich hatte sich damit als der eigentliche Landgraf erwiesen. Um seine Macht zu festigen, verbannte er seinen Vater aus der Politik. Albrecht der Entartete starb als einfacher Bürger in Erfurt.

Wie Albrecht der Entartete zu seinem Namen kam

Der Markgraf war ein zügelloser Mensch. Vor allem hatte seine Gemahlin Margarethe von Hohenstaufen schwer unter ihm zu leiden. Schließlich verliebte er sich in seine Hofdame Kunigunde von Eisenberg und beschloss, sich seiner Gemahlin zu entledigen. Er beauftragte einen Eseltreiber, sie des Nachts zu erwürgen und ihr anschließend das Genick zu brechen. Es sollte so aussehen, als wenn der Teufel sie geholt habe. Der treue Eseltreiber aber entdeckte seiner Herrin den geplanten Anschlag und riet ihr zur Flucht. Margarethe bereitete sich mit Hilfe ihres Haushofmeisters Rudolf Schenk von Vargula darauf vor. Bevor sie die Wartburg heimlich verließ, ging sie ins Schlafgemach ihrer Söhne. Weinend sprach sie: „Ich will sie zeichnen, damit sie meiner gedenken, solange sie leben." Dann biss sie den dreijährigen Friedrich in die Wange. Wegen dieser Begebenheit erhielt Albrecht den Beinamen „der Entartete". Sein Sohn Friedrich aber hieß fortan „der Gebissene" oder „der mit der gebissenen Wange". Auf der Wartburg wird noch heute das „Eseltreiberstübchen" gezeigt und einer der Wehrgänge als „Margarethengang" bezeichnet.

Auch Friedrich der Freidige fand ein ungewöhnliches Ende. Es ist mit einer Theateraufführung verbunden, der er am 4. Mai 1321 in Eisenach beiwohnte. Das von einem unbekannten Eisenacher Dominikaner als Parabel von der Prophezeiung des Jüngsten Gerichtes verfasste „Spiel von den zehn Jungfrauen" muss den alternden Landgrafen mit seinen moralischen Konsequenzen, nämlich dass die Vergebung allein bei Gott liege, in Angst und Schrecken versetzt haben. Jedenfalls ereilte ihn kurz darauf ein Schlaganfall, von dem er sich bis zu seinem Tode zwei Jahre später nicht mehr erholte.

Das um 1320 auf der Wartburg errichtete Fachwerkhaus *Friedrichs des Freidigen. Zeichnung von Johann Wolfgang von Goethe, 1777 (Ausschnitt).*

Friedrich der Ernsthafte, der Sohn Friedrichs des Freidigen, sah in Thüringen sein Hauptland. Gern hielt er sich in Altenburg auf, residierte aber auch auf der Wartburg und auf dem Grimmenstein in Gotha. Die Stadt rückte unter seiner Regierung erstmals in den Vordergrund. Der unter seinem Sohn Friedrich dem Strengen 1369 erbaute Leinakanal zur Trinkwasserversorgung zeugt noch heute vom Ausbau der Stadt zur Residenz. Friedrich konnte 1353 durch seine Ehe mit Katharina von Henneberg-Schleusingen Coburg erwerben. Damit dehnten die Wettiner ihre Herrschaft bis ins Fränkische hin aus. Als Friedrichs Bruder Balthasar 1374 durch Margarethe von Hohenzollern ins Nürnberger Burggrafenhaus einheiratete, kamen noch Heldburg, Hildburghausen und Eisfeld hinzu, im Jahre 1400 durch Kauf auch das fränkische Amt Königsberg. Damit waren die Wettinern den Hennebergern sehr nahe gerückt.
Auch andere Fürstengeschlechter wollten ihre Landesherrschaft festigen. Dass sie dabei mit den mächtigen Wettinern in Konflikte geraten würden, war nur eine Frage der Zeit. Als sich die Schwarzburger, die Orlamünder und die Honsteiner gegen die Wettiner verschworen, kam es zum „Thüringer Grafenkrieg“ (1342/46); als sich auch die Vögte von Weida, Gera und Plauen weigerten, die wettinische Oberherrschaft anzuerkennen, zum „Vogtländischen Krieg“ (1354/59). Während die mit aller Härte geführten kriegerischen Auseinandersetzungen für die Grafen von Weimar-Orlamünde das Ende bedeuteten, konnten die Schwarzburger und die Vögte ihren Besitzstand zwar weitgehend wahren, an einen Ausbau ihrer Territorien war aber nun nicht mehr zu denken. Sie mussten die Oberherrschaft der Wettiner anerkennen und auf eine eigene Machtpolitik weitgehend verzichten.
Als 1423 die askanische Linie Sachsen-Wittenberg ausstarb, belehnte Kaiser Sigismund die Wettiner mit dem herrenlosen Land. Dies war als Dank für die gewährte Hilfe gegen die böhmischen Hussiten zu verstehen. Da der Kurtitel als höchster nun stets zuerst genannt wurde, verband sich der Landesname Sachsen fortan mit allen wettinischen Besitzungen. Als im 16. Jahrhundert dann die ältere wettinische Linie, die ernestinische, in Thüringen residierte, wurde der neue Landes-

name auch auf Thüringen übertragen. Während er nach und nach den angestammten Namen Meißen verdrängen konnte, gelang dies im Falle Thüringens nicht. Das ludowingische Erbe wog immer noch schwer. Die Erinnerung an die einstige politische Selbstständigkeit Thüringens ist nie völlig verlorengegangen.

Blick in den Altenburger Schlosshof. *Der Turm stammt noch von der mittelalterlichen Burg.*

Friedrich der Streitbare, Friedrich des Strengen Sohn, war der erste Wettiner, der Altenburg zu seiner ständigen Residenz erhob. Mit großem Eifer wirkten er und sein Nachfolger Wilhelm der Reiche an der Verschönerung der sich immer mehr zu einem Schloss wandelnden Burg. Die Erhebung der Kapelle St. Georg 1413 zu einer reich geschmückten Stiftskirche mit großem spätgotischen Chorraum gehen auf ihn zurück.

Friedrich der Sanftmütige, Friedrich des Streitbaren Sohn, war mit Margarethe von Habsburg verheiratet. Sie gilt als eine der bedeutendsten Fürstinnen im Hause Wettin. Sie nahm auf politische Entscheidungen Einfluss und führte in Abwesenheit ihres Gemahls alle Regierungsgeschäfte. Auch an der Beilegung des Bruderzwistes hatte sie Anteil. Nach dem Tod des Landgrafen 1464 blieb sie in Altenburg und wirkte segensreich für die Stadt. In dem von ihr auf der Burg errichteten Kornhaus ließ sie Vorräte lagern, die in Hungerzeiten verteilt werden sollten. Margarethe ist die Mutter der Prinzen Ernst und Albrecht, die 1485 das Haus Wettin in zwei Linien aufspalteten.

***Margarethe von Habsburg**, die Gemahlin Friedrichs des Sanftmütigen.*

***Kurfürst Friedrich der Sanftmütige** und seine Söhne Ernst und Albrecht im Dresdener „Fürstenzug“.*

Der „Sächsische Bruderkrieg" (1446/51)

1440 starb Landgraf Friedrich der Friedfertige kinderlos. Damit erlosch die von seinem Vater Balthasar begründete Nebenlinie. Der Landgrafentitel fiel wieder an den ältesten Wettiner zurück. Kurfürst Friedrich der Sanftmütige regierte das Land zunächst zusammen mit seinem Bruder Wilhelm dem Tapferen. 1445 wurde Thüringen Wilhelm übertragen. Der erkannte diese Teilung aber nicht an. Die Streitigkeiten zwischen den Brüdern führten im Sommer 1446 zum Krieg, der von beiden Seiten mit äußerster Rücksichtslosigkeit geführt wurde. Der Angriff Friedrichs begann, als Wilhelm im Jenaer Schloss mit Anna von Österreich Hochzeit feierte. Erst im Januar 1451 einigte man sich in Naumburg auf einen Frieden, der die Länderaufteilung von 1445 bestätigte. Eine wichtige Rolle spielte in diesem Krieg Wilhelms Rat Apel Vitztum von Apolda. Als der Landgraf nach dem Friedensschluss erfuhr, dass dieser im Krieg beiden Herren gedient hatte, ließ er die Dornburg, wo sich der Verräter verschanzt hatte, belagern und (übrigens erstmals in Thüringen) mit Kanonen beschießen. Apel floh nach dem Fall der Mauern und die Besatzung wurde gefangen genommen. Auf den Trümmern der Burg entstand zwischen 1485 und 1522 das heutige Alte Schloss von Dornburg.

Noch spektakulärer als der „Bruderkrieg" war ein anderes Ereignis in der Regierungszeit Friedrichs des Sanftmütigen. Der „Prinzenraub" von 1455 erfreut sich noch heute einer gewissen Popularität und ist das bekannteste Ereignis der mittelalterlichen sächsischen Geschichte. Immer wieder haben Dichter und Historienmaler dieses frühe „Kidnapping" aufgegriffen und dem Zeitgeist entsprechend ausgeschmückt.

Ritter Kunz von Kauffungen, der Entführer der beiden Söhne des Kurfürsten, Ernst und Albrecht, hatte im Bruderkrieg treu an der Seite seines Herrn gekämpft, geriet dann aber in einen Hinterhalt und in die Gefangenschaft des Gegners. Seine Familie musste, um ihn zu befreien, ein hohes Lösegeld zahlen. Das forderte Kunz nun von Friedrich zurück. Als dieser ihn immer wieder vertröstete, wollte der sich betrogen fühlende Ritter mit den beiden entführten Söhnen als Faustpfand die Begleichung der Schulden erzwingen. Kunz erkletterte in der Nacht vom 7. zum 8. Juli 1455 das hochgelegene Schloss, wo ihn ein unzufriedener Küchenknecht einließ. Der Zeitpunkt war günstig gewählt, da der Kurfürst sich in Leipzig aufhielt und sich die meisten Hofleute auf einem Fest vergnügten. So konnte der Ritter unbemerkt in die Prinzengemächer eindringen und die beiden Knaben rauben. In einer Höhle im Erzgebirge wurden sie versteckt. Bevor sie aber außer Landes gebracht werden konnten, entdeckte sie ein treuer Köhler und übergab sie dem Abt des Klosters Grünhain. Kunz von Kauffungen fiel am 14. Juli 1455 zu Freiberg unter dem Schwert des Henkers.

Darstellung vom „Sächsischen Prinzenraub"
aus dem 19. Jh.

Als Wilhelm der Tapfere 1482 kinderlos starb, setzte Kurfürst Ernst, der Sohn Friedrichs des Sanftmütigen, trotz warnender Stimmen 1485 eine erneute Teilung seiner Lande durch. Während ähnliche Unternehmungen vorher wieder rückgängig gemacht wurden, zerriss die Leipziger Teilung die Wettiner auf Dauer und zu ihrem Nachteil in zwei Linien. Ernst als der Ältere erhielt neben anderen Gebieten den Kurkreis mit der Hauptstadt Wittenberg und den größeren (aus drei nicht zusammenhängenden Gebieten bestehenden) Teil Thüringens,

Albrecht (im weitesten Sinne) die alte Markgrafschaft. Seitdem sprechen wir von einer ernestinischen – zunächst in Wittenberg – und einer albertinischen – bald in Dresden residierenden – Linie.

Die Grafen von Stolberg

Sie gehen zurück auf die Zeit um 1200. Zu ihrem Stammort im südlichen Harz kam 1341 die Herrschaft Roßla in der Goldenen Aue und 1417 die Grafschaft Honstein mit den Südharzorten Ilfeld, Kelbra und Heringen. Damit wurde das Geschlecht auch in Thüringen beheimatet, orientierte sich aber schon ab 1429 durch den Anfall der Grafschaft Wernigerode nach Norden hin. 1645 teilte es sich in die Linien Stolberg-Wernigerode und Stolberg-Stolberg. Dieser Linie entstammen die Dichter Christian Graf zu Stolberg und Friedrich Leopold Graf zu Stolberg, die mit Goethe befreundet waren.

Die Grafen von Mansfeld

Das seit 1063 bezeugte Geschlecht nennt sich nach der um 1075 erbauten Burg Mansfeld an der Wipper am Ostrand des Harzes. Da die Mansfelder Güter in Eisleben, Hettstedt, Querfurt und Sangerhausen besaßen, hatten sie für das Ostharzgebiet eine erhebliche Bedeutung. Ihr Geschlecht erlosch aber schon 1229 im Mannesstamm. Es kam über die weibliche Erbfolge an die Herren und späteren Burggrafen von Querfurt, die sich seit 1262 Grafen von Mansfeld nannten. Durch den Kupferbergbau kamen sie im 14. Jahrhundert zu erheblichem Reichtum, büßten aber durch eine ungeschickte Politik und die 1420, 1475 und 1501 vorgenommenen Landesteilungen an Bedeutung ein. Hinsichtlich des Bergregals wurde ihre Grafschaft schon 1484 ein sächsisches Lehen.

Martin Luther, der 1483 in Eisleben geboren wurde und seine Kinderjahre in Mansfeld verbrachte, fühlte sich zeit seines Lebens mit seinen schwierigen Landesherren verbunden. Um einen geharnischten Rechtsstreit unter den Grafen von Mansfeld zu schlichten, reiste der kranke Reformator noch in seinem Todesmonat von Wittenberg, der Residenzstadt der sächsischen Ernestiner, wo er vierzig Jahre gelebt hatte, nach Eisleben. Wenige Tage nach seiner Ankunft starb er in seiner Geburtsstadt. Durch Luther ist die Grafschaft Mansfeld allgemein in der Erinnerung geblieben. Durch Luthers Reformation sind die Grafen von Mansfeld in die Nähe der sächsischen und thüringischen Fürsten gerückt worden.

Die Fürstenhäuser der Neuzeit

Die Ernestiner und Thüringen

An der Randlage Thüringens hatte sich auch nach der Leipziger Teilung nichts geändert. Erst nach 1513, als Weimar zur ernestinischen Nebenresidenz erhoben wurde, spielte Thüringen in der Politik wieder eine bescheidene Rolle. Kurfürst Friedrich der Weise richtete seinem Bruder Johann, als dieser zum zweiten Mal heiratete, auf dem umgebauten Hornstein, der Wasserburg der ausgestorbenen Grafen von Weimar-Orlamünde, eine eigene Hofhaltung ein. Dadurch kam auch der 10-jährige Erbprinz Johann Friedrich, Johanns Sohns, nach Weimar. Da der Kurfürst unverheiratet geblieben war, ruhten von Anfang an alle Hoffnungen der Dynastie auf dessen Neffen. Aus diesem Bewusstsein heraus erhielt der Prinz, dessen Mutter im Kindbett gestorben war, die Namen von Vater und Onkel. Da sich beide Brüder hervorragend verstanden und von Anfang an auch gemeinsam regierten, wuchs Johann Friedrich gewissermaßen unter der Aufsicht zweier Väter heran.

***Kurfürst Friedrich der Weise**, Kupferstich von Albrecht Dürer, 1523.*

Die ernestinischen Kurfürsten von Sachsen	
Ernst	1485-1486
Friedrich der Weise	1486-1525
Johann der Beständige	1525-1532
Johann Friedrich I.	1532-1547

Friedrich der Weise war eine herausragende Herrscherpersönlichkeit. Auch in der Reichspolitik spielte er eine bedeutende Rolle. Nach dem Tod des Habsburgers Maximilian I. wurde ihm als ältestem Kurfürsten die Kaiserkrone angetragen. Friedrich lehnte jedoch ab. Dass ihm dennoch bald eine weltgeschichtliche Rolle zuwachsen würde, war 1519 bestenfalls erahnbar. Das ernestinisch regierte Kursachsen wurde das Mutterland der Reformation, und Martin Luther, Professor an der von Friedrich 1502 gegründeten Universität Wittenberg, ihr Protagonist. Ohne Friedrich den Weisen, der schützend seine Hand über den Reformator hielt, als der Kaiser diesen 1521 in Acht und Bann setzte, hätte sich die Reformation nicht so schnell und so erfolgreich durchsetzen lassen. Unter seiner Regierung stieg Kursachsen, dessen südlicher Teil Thüringen ist, zum führenden protestantischen Fürstentum auf, obwohl der Kurfürst selbst dem alten Glauben treu blieb. Erst Johann der Beständige und dessen Sohn Johann Friedrich I. schufen die Bedingungen für die Entwicklung des Luthertums zur Landeskirche.
Johann der Beständige erkannte früh in dem Reformator die einzige Autorität in Glaubensfragen. Allen Abweichlern erklärte er damit den Kampf. Sein erstes Opfer war der Theologe Karlstadt, der im September 1524 aus Kursachsen ausgewiesen wurde. Schon vorher hatte er Thomas Müntzer nach Weimar zitiert. Am 1. August wurde dieser auf dem Schloss verhört. Der Allstedter Pfarrer wusste nun, dass er von den Ernestinern nichts zu erwarten hatte. Mit seiner Übersiedlung nach Mühlhausen versuchte er, der drohenden Gefangennahme zu entgehen. Als Luther ein Jahr später ins Bauernkriegsgebiet reiste, machte er zuerst in Weimar Station, um sich mit dem Herzog abzusprechen. Er wusste bei seinem Treffen am 3. Mai 1525, dass er kaum auf eine gegen-

läufige Meinung stoßen würde. Nach der Niederschlagung des Thüringer Aufstandes wurde im ernestinischen Thüringen die lutherische Lehre auch offiziell als einzige verbindliche Religion angenommen.

Johann der Beständige*, Ölbild eines unbek. Künstlers (Cranach-Werkstatt), 1. Drittel des 16. Jh.s.*

Auch Erbprinz Johann Friedrich hatte schon frühzeitig zu Martin Luther ein intensives Vertrauensverhältnis entwickelt. So dankte dieser ihm schon im Oktober 1520 für die Fürsprache beim Kurfürsten nach dem Bekanntwerden der Bannandrohungsbulle. Bald erblickte der Prinz in dem Reformator einen „geistlichen Vater". Auch in der Beurteilung von Karlstadt und Thomas Müntzer stimmten beide überein. Nachdem er Müntzers „Fürstenpredigt" in Allstedt mitangehört hatte, bemühte sich Johann Friedrich, seinen Vater zum Eingreifen gegen die „Schwärmer" zu bewegen. Als er 1532 die Regierung übernahm, konnte Kaiser Karl V. sicher sein, dass in dem neuen Kurfürsten ein treuer Verteidiger der Sache Luthers den Thron bestiegen hatte.

Wie in seiner Familie üblich hat Johann Friedrich eine sorgfältige Erziehung erhalten und eine hohe Bildung erworben. Anfangs gehörte noch das Sammeln von Büchern zu seinen Lieblingsbeschäftigungen. Bald hatte er aber auch Freude an der Jagd und am Glücksspiel, das sich immer mehr zu einer wirklichen Leidenschaft entwickelte. Dass dabei getrunken wurde, versteht sich von selbst. Je älter er wurde, desto mehr sprach er dem Bier zu.

Der Bauernkrieg in Thüringen (1525)
Der Bauernkrieg gehört zu den großen Volksbewegungen der deutschen Geschichte. Er hatte im Sommer 1524 im südlichen Schwarzwald begonnen. Dass er auch auf Thüringen übergreifen und die Reformation gefährden würde, glaubte zu diesem Zeitpunkt noch niemand. Die Ernestiner hatten sich für seine Schauplätze kaum interessiert. Ihre Gegner waren die „Schwarmgeister" Karlstadt und Müntzer. Im April 1525 kam es aber in einigen Teilen Thüringens – ausgehend vom Werratal und den hennebergischen Landen bis hin zum zu Schwarzburg gehörenden Kyffhäuser-Gebiet – zu Aufständen, die sich vor allem gegen die Klöster und die Beseitigung von althergebrachten Rechten richteten. Die meisten Bauernhaufen wurden bald aufgerieben. Übrig blieb nur ein um Frankenhausen operierendes Bauernheer. Dort standen auch die kampfbereiten Truppen Landgraf Philipps von Hessen und Herzog Georgs von Sachsen. Am 15. Mai vernichteten sie das kampfunerfahrene Bauernheer vor den Toren Frankenhausens. Die Streitmacht Herzog Johanns befand sich zu diesem Zeitpunkt vor der Stadt Mühlhausen, die die Aufständischen lange unterstützt hatte. Nach ihrem Sieg über das Bauernheer nahmen die Fürsten blutige Rache. 6000 Bauernkrieger wurden im wahrsten Sinne des Wortes abgeschlachtet. Die Ernestiner waren daran zwar nicht unittelbar beteiligt, dem entgegen gestellt haben sie sich aber auch nicht.

Aufgrund geleisteter Dienste konnten sich die Ernestiner berechtigte Hoffnungen machen, Teile der niederrheinischen Herzogtümer Kleve, Jülich und Berg zu erhalten. Doch dazu brauchten sie das Wohlwollen der Habsburger. Johann Friedrich war aber auf das Kaiserhaus nicht gut zu sprechen, denn Karl V. hatte ihn durch die Zurücknahme eines Eheangebots seiner Schwester zutiefst beleidigt. Daran änderte sich auch nichts, als seinem Sohn eine Tochter König Ferdinands in Aussicht gestellt wurde. Das Engagement der Ernestiner für die Reformation machte eine Verbindung der beiden mächtigen Adelshäuser nunmehr unmöglich. Der später zwischen

Preußen und Österreich ausgetragene Konflikt erlebte jetzt seine früheste Stufe. Deshalb entschloss sich Johann Friedrich, die einzige Tochter Herzog Johanns III. von Kleve zu heiraten. Sibylles Mutter war eine Prinzessin aus dem Hause Jülich und Berg, das bald an den Klever Herzog fallen sollte. Da auch dieser söhnelos war, würde das gesamte Erbe bei dessen Tod an die Ernestiner kommen. Die Entwicklung verlief jedoch anders, als Johann Friedrich es erwartete. Die niederrheinischen Herzogtümer fielen an Brandenburg und halfen später Preußens Macht im Rheinland zu begründen. Doch zunächst wurde der Konflikt zwischen den beiden christlichen Glaubensrichtungen auf den Schultern Kursachsens ausgetragen.

Johann Friedrich I. und Sibylle von Kleve
Obwohl die 1527 geschlossene Ehe rein politisch motiviert war, verstanden sich beide Partner gut. Auch in ihrem Engagement für die Reformation waren sie sich einig. Nach der für den Kurfürsten verlorenen Mühlberger Schlacht zeigte Sibylle Mut und trat dem siegreichen Kaiser am Grab Luthers energisch gegenüber. Zur Zeit der Gefangenschaft des Kurfüsten war sie ihm eine treue Gemahlin und fürsorgliche Landesmutter. Als Braut ist sie durch die Darstellung Lucas Cranachs d.Ä. weltberühmt geworden. Das Bild gehört zum reichen Cranach-Bestand der heute im Schloss untergebrachten Weimarer Kunstsammlungen.

***Johann Friedrich und seine Gemahlin Sibylle**, Kopie nach Lucas Cranach d.Ä., vermutlich 17. Jh.*

In dem 1530 unter Führung des sächsischen Kurfürsten und des hessischen Landgrafen geschlossenen „Schmalkaldischen Bundes" hatte sich die übergroße Mehrheit der protestantischen Fürsten und ein beträchtlicher Teil der sich zur lutherischen Lehre bekennenden Städte vereinigt. Als die militärisch überlegenen „Schmalkalder" dazu übergingen, ausländische Bündnispartner zu suchen und mit ihnen Verträge zu schließen, fühlte sich der katholische Kaiser endgültig herausgefordert und zum Handeln aufgerufen. Unter dem Vorwand des Ungehorsams gegenüber seinem Herrn begann Kaiser Karl V., übrigens im Bündnis mit dem protestantischen sächsischen Herzog Moritz, den Krieg. Das Ziel des Kaisers war der Sturz Johann Friedrichs. Nachdem sich ganz Süddeutschland auf die Seite des Kaisers geschlagen hatte, unterlag Johann Friedrich in der Schlacht bei Mühlberg der Übermacht des vereinigten kaiserlich-herzoglichen Heeres. Gefangen genommen, unterschrieb er am 19. Mai 1547 die „Wittenberger Kapitulation". Sie war für den Ernestiner eine politische Katastrophe. Mit der Kurwürde, den Kurlanden und anderen Territorien hatte er auch die Möglichkeit eingebüßt, in den kommenden machtpolitischen Auseinandersetzungen ein bestimmendes Wort mitzureden.

Die Gründung der Universität Jena

Als leidenschaftlicher Verfechter der Reformation war Johann Friedrich I. stets für die Belange der Wittenberger Universität eingetreten. Schon wenige Wochen nach der Mühlberger Niederlage äußerte er den Gedanken, einen Ersatz für die verlorene (und infolge des Krieges geschlossene) Hochschule zu schaffen oder diese selbst nach Thüringen zu verlegen. Philipp Melanchthon hat sich dafür ausgesprochen und Jena als künftigen Hochschulort vorgeschlagen. Am 19. März 1548 wurde die Hohe Schule eröffnet; zehn Jahre später erfolgte ihre Erhebung zur Universität.

Aus diesem Anlass wurde an der Südwestwand des Treppenturmes der ehemaligen Klosterkirche (also im Hof des Collegium Jenense) das ernestinische Staatswappen angebracht. Darunter „erzählt" in einer Inschriftentafel Johann Stigel, der Melanchthon-Schüler und erste Rektor der Hohen Schule, in fünf elegischen Distichen von der Schulgründung, von der Not im Schmalkaldischen Krieg und der Gefangenschaft des Kurfürsten.

Das „Große ernestinische Staatswappen“, *geschaffen von Hermann von Freibergk, 1557.*

Das Collegium Jenense*, die Gründungsstätte der Universität Jena, Kupferstich von Caspar Junghanß, 1710.*

Johann Friedrich I.
auf dem gültigen Siegel
der Universität Jena.

Geduldig ertrug Johann Friedrich die Gefangenschaft. Erst nach fünf Jahren erhielt er seine Freiheit zurück, und zwar durch Kurfürst Moritz, der, als er sein politisches Ziel erreicht hatte, Gegner des Kaisers wurde. Er zwang 1552 Karl V. im Vertrag von Passau, den Protestanten Religionsfreiheit zu gewähren und Johann Friedrich freizulassen. Am 26. August kehrte dieser nach Thüringen zurück.

Johann Friedrich und das Schloss „Fröhliche Wiederkunft“

Sein Weg führte ihn zunächst nach Coburg, wohin auch die Herzogin reiste und ihren Gemahl in Empfang nahm. Bald traf das Paar mit seinem Gefolge in dem südöstlich von Jena gelegenen Waldort Wolfersdorf ein und nahm Quartier in einem erst kurz vorher fertiggestellten Schlösschen. Denn das Jagdhaus Johann Friedrichs hatten die Spanier unter ihrem Herzog Alba im Juni 1547 niedergebrannt. Am 2. Dezember genehmigte Johann Friedrich von Augsburg aus den Bau eines neuen Jagdhauses. Der Hummelshainer Jagdmeister Wolf Goldacker hat den Platz dafür bestimmt – „auf einer großen Wiese, von der man in 4 Waldgründe weit und lustig sehen kann“. Nikolaus (Nickel) Gromann, der spätere Erbauer des berühmten Altenburger Rathauses und der beeindrukkenden Veste Heldburg, lieferte den Entwurf. Im März 1548 wurde der Grundstein gelegt, im Oktober war es in seinem Äußeren fertig. Doch kostete der Bau schon weit mehr, als der Kurfürst genehmigt hatte. Als ihn der Kämmerer um weitere 600 Taler bat, schrieb er nach Weimar: „Wir haben ein Jagdhaus, aber kein Fürsten- oder Lusthaus dahin machen zu lassen befohlen oder bewilligt, und hätten wir gewusst, dass soviel Kosten darauf gehen, wäre es besser gewesen, dass es unterblieben.“ Johann Friedrich stimmte dem Antrag dann aber doch noch zu. Anfang 1551 war das Schloss fertig. Bald darauf wurde der Kurfürst entlassen. Von 2. bis 23. August hielt sich das Herzogspaar in Wolfersdorf auf. Seither heißt das Schloss erinnerungsschwer „Fröhliche Wiederkunft“.

Blick über den Hof zum Schloss „Fröhliche Wiederkunft“*, wie es seit den im 19. Jh. erfolgten Umbauten aussieht.*

An einer Quelle (dem heutigen Fürstenbrunnen) im Jenaer Pennickental wurde Johann Friedrich von Bürgern, Professoren und Studenten „seiner“ Hohen Schule am 24. September 1552 empfangen.

Johann Friedrich in der Kahlaer Kirche. Eine Anekdote

Nach seinem Sieg im Schmalkaldischen Krieg kam 1547 Kaiser Karl V. durch Kahla. Im Gefolge befand sich der gefangene Kurfürst Johann Friedrich I. Gottesfürchtig wie er war, wollte er die Kirche besuchen und beten. Die Kahlaer stellten ihm einen Sessel vor den Altar. Fünf Jahre später, nach seiner Entlassung aus kaiserlichem Gewahrsam, weilte er wieder in Kahla und nahm am Gottesdienst teil. Der ihm wiederum dargebotene Sessel war nun viel zu eng. So platzierte man den fülligen Landesherrn auf zweien, indem man die mittleren Lehnen herausschnitt. Als er im Jahr darauf abermals in die Kahlaer Kirche kam, sollen auch diese beiden nicht mehr ausgereicht haben. Johann Friedrichs Leibesumfang war inzwischen zu gewaltig. Als sich neben ihn dann der kleine, schmalbrüstige Kantor stellte, hat die ganze Gemeinde herzlich gelacht. Der Herzog soll mit einem verschmitzten Lächeln geantwortet haben.

Das Jenaer Johann-Friedrich-Denkmal
Das 1554 verliehene, noch heute gültige Universitäts-Siegel und das 1858 auf dem Jenaer Marktplatz aufgestellte Standbild zeigen Johann Friedrich nicht als Herzog, sondern als Kurfürsten in kämpferischer Haltung mit erhobenem Schwert in der einen und der aufgeschlagenen Luther-Bibel in der anderen Hand. Darauf ist der zweite Vers des 121. Psalms zu lesen: „Meine Hilfe kommt vom Herrn / der Himmel und Erde gemacht hat." Das von Friedrich Drake geschaffene Standbild hat dazu beigetragen, dass dieser Fürst – und das ungebrochen auch durch die DDR-Jahrzehnte – bei den Jenensern eine seltene Popularität genießt. Allerdings muss der „Hanfried", wie das Denkmal liebevoll genannt wird, heute für die verschiedensten Reklamezwecke herhalten; seine Abbildung auf Bier-Etiketten in der DDR-Zeit war da noch harmlos.

***Das Johann-Friedrich-Denkmal** auf dem Jenaer Markt, geschaffen von Friedrich Drake, 1858.*

1553 legte Johann Friedrich testamentarisch die Unteilbarkeit seines Landes fest, womit er durchaus noch politische Ansprüche anmeldete, grundsätzlich aber auf einen Ausgleich mit dem albertinischen Sachsen setzte. Erst aus der abenteuerlichen Revisionspolitik seines Sohnes erwuchs die politische Bedeutungslosigkeit des ernestinischen Herzogtums. Die wirkungsmächtigste Folge der sogenannten Grumbachschen

Händel von 1567 war die Teilung des Landes 1572. Wie schon der Vater, geriet nun auch der Sohn in die Gefangenschaft des Kaisers, doch sollte dieser ihr nicht mehr entkommen. Johann Friedrich II. hatte sich von der politisch fragwürdigen Verbindung mit dem Ritter Wilhelm von Grumbach, dem persönlichen Feind des einflussreichen Bischofs von Würzburg, eine Wiedererlangung der Kurwürde erhofft und dadurch sich selbst und sein Fürstenhaus in Verruf gebracht. Zu allem Unglück schenkte der ansonsten nüchterne und hochgebildete Herzog Visionen eines orakelnden Bauernjungen und den sich auf sein Geheiß hin auf dem Gothaer Grimmenstein niederlassenden Alchimisten mehr Glauben als den Räten und seinem Bruder Johann Wilhelm.

***Johann Friedrich II.**, zeitgen. Holzschnitt.*

***Wilhelm von Grumbach** kurz vor seinem Hinrichtungstod, Holzschnitt, 1567.*

Johann Wilhelm, der Kaiser und Reich Gehorsam geschworen hatte, war bis zuletzt darum bemüht, Johann Friedrich von seinem verderblichen Weg abzubringen. Als der Kaiser über Grumbach die Reichsacht verhängt hatte und der Ernestiner nicht einlenkte, nahm die Katastrophe ihren Lauf. Im Dezember 1566 rückte das von Kurfürst August I. von Sachsen geführte Reichsaufgebot auf Gotha zu. 10 000 Fußsoldaten und 6000 Reiter begannen mit der Belagerung des Grimmenstein. Nach drei Monaten meuterte die herzogliche Besatzung, schließlich versagten auch die Stadt und das Landvolk den Gehorsam.

Am 13. April 1567 musste sich die Festung ergeben. Johann Friedrich wurde verhaftet und in einem hohen, mit schwarzen Tüchern verhängten, von sechs Schimmeln gezogenen Wagen hinweggeführt. Zu seiner Schande waren die Mähnen und die Schwänze der Pferde rot gefärbt und deren Körper mit schwarzen Decken umhüllt worden. Die Reise ging ins ungarische Preßburg, später wurde der Herzog in Wiener Neustadt gefangengehalten. Erst 1595 starb er in seinem letzten Gefängnis im oberösterreichischen Steyr.

Die ernestinischen Herzöge von Sachsen

Johann Friedrich I.	(1532-) 1547-1554
Johann Friedrich II.	1554-1567
Johann Wilhelm	1567-1572 (-1573)

Im Laufe der nächsten Jahrzehnte wurde Thüringen kulturell um- und neugestaltet. Da dies ein – wenn auch kein vorhersehbares und schon gar nicht planbares – Ergebnis der Reformation war, kann man sagen, dass diese große Umwälzung des 16. Jahrhunderts Thüringen mehr geprägt hat als alle anderen Ereignisse seiner Geschichte zusammengenommen. Dabei gehört es zu den großen Merkwürdigkeiten, dass dieser Prozess eng verknüpft ist mit den politisch schwachen Ernestinern.

Das Ende der Grafen von Henneberg

Unter den Brüdern Wilhelm IV. und Georg Ernst, den letzten ihres Geschlechtes, erlebte das Henneberger Land im 16. Jahrhundert noch einmal einen weithin wirksamen Aufschwung. Suhl entwickelte sich in dieser Zeit zur „Waffenschmiede Europas“ und Schmalkalden wurde das Zentrum der thüringischen Eisenverarbeitung. Daneben stieg die Residenzstadt Schleusingen durch die 1577 erfolgte Gründung eines noch heute bestehenden Gymnasiums zu einem bedeutenden Schulort auf.

***Die letzten Henneberger Wilhelm IV. und Georg Ernst**, Epitaphien in der Ägidien-Kapelle der Stadtkirche zu Schleusingen, 2. Hälfte des 16. Jh.s.*

Schloss Bertholdsburg in Schleusingen
Die mächtige Anlage im Zentrum von Schleusingen geht auf eine zwischen 1226 und 1232 erbaute und nach 1284 nocheinmal erweiterte Burg zurück, die im 14. Jahrhundert zusammen mit der kleinen Stadt niederbrannte. Um 1450 bauten die Henneberger die Ruine in Form einer Vierflügelanlage wieder auf. Als die Burg immer mehr den Charakter einer Residenz annahm, wurde sie nach 1525 im Renaissancestil umgebaut und mehrfach erweitert. Ihr heutiges Aussehen erhielt die zum Schloss veränderte Anlage im 19. Jahrhundert; damals bekamen auch die einst „welschen Hauben“ der Türme ihre spitze Form. Unter den Hennebergern erlangte die Bergstadt Schmalkalden europäische

***Schloss Bertholdsburg**, Fotografie aus den 50-er Jahren des 20. Jh.s.*

Bekanntheit. Am 27. Februar 1531 schloss sich hier unter Führung des sächsischen Kurfürsten Johann und des hessischen Landgrafen Philipp die übergroße Mehrheit der protestantischen Regenten und ein beträchtlicher Teil der sich zur lutherischen Lehre bekennenden Städte zum Schmalkaldischen Bund zusammen. Man wollte fortan jeden Angriff auf den neuen Glauben zurückschlagen und sich untereinander regelmäßig verständigen. Zwischen 1531 und 1543 tagte der Bund 8-mal in Schmalkalden. Wenngleich die Stadt die Reformation schon 1525 angenommen hatte, standen die Grafen von Henneberg dieser Entwicklung lange skeptisch gegenüber und gehörten mit ihrem Land auch nicht zum Schmalkaldischen Bund. Erst 1544 traten sie zum Luthertum über.

Bis zu ihrem Aussterben 1583 erfüllten die Henneberger im fränkisch-thüringisch-hessischen Grenzraum eine wichtige kulturelle Brückenfunktion. Obwohl das Henneberger Land bald darauf aufgeteilt wurde, wirkt diese bis heute nach. Schmalkalden fiel an die Landgrafen von Hessen-Kassel, die schon seit 1360 in der Hälfte der Herrschaft mitregierten. Die anderen Landesteile kamen – wie im Kahlaer Vertrag von 1554 festgelegt – an die Wettiner beider Linien, die auch die Schulden übernahmen. Da diese sich nicht einigen konnten, blieb die alte Grafschaft bis 1660 (im reichsrechtlichen Sinne sogar bis 1806) als Verwaltungseinheit unter einer in Meiningen eingesetzten gemeinschaftlich wettinisch-„sächsischen“ Regierung erhalten. Dagegen konnte die Abtei Fulda das Amt Geisa weiterhin behaupten und die Hoheit über Stadtlengsfeld ausüben. Erst 1815 kamen diese Gebiete mit dem ganzen Salzunger Land an Sachsen-Weimar. Andere Teile, darunter Suhl und Schleusingen, wurden dagegen preußisch.

Die Landgrafen von Hessen-Kassel und Thüringen

Aufgrund des bestehenden Erbvertrages fiel die seit 1247 den Hennebergern gehörende Herrschaft Schmalkalden 1583 an Hessen. Hatten unter den Ludowingern Thüringer über Hessen geherrscht, so regierte jetzt mit Landgraf Wilhelm IV. erstmals ein Hesse einen kleinen Teil Thüringens. Da er Schmalkalden sofort zu seiner Nebenresidenz erhob und sich seine Nachfolger dort oft aufhielten, kommt den hessischen Landgrafen auch für Thüringen ein gewisse Bedeutung zu.

Wilhelm IV., der Sohn des aus dem Bauernkrieg bekannten Landgrafen Philipp, ließ die aus dem 12. Jahrhundert stammende Schmalkalder Burg Waltaff sofort niederreißen und an ihrer Stelle ab 1584 das nach ihm benannte Schloss errichten. Am 23. Mai 1590 wurde es eingeweiht, wenngleich es noch längst nicht völlig fertiggestellt war.

Schloss Wilhelmsburg in Schmalkalden

Die fast quadratische, über der Stadt thronende Vierflügelanlage gehört zu den bedeutendsten Schlossbauten im Renaissance-Stil im mitteldeutschen Raum und hat bis heute kaum Veränderungen erfahren. Für den Bau der prächtigen Schlosskirche war vor allem der Niederländer Willem Vernukken zuständig. Alle Säle des Schlosses wurden mit dekorativen Malereien und zeittypischem Roll- und Beschlagwerk ausgestattet. Die Raumanordnung folgt dem eines repräsentativen Residenzschlosses. Das Mobiliar ließ der Bauherr aus Kassel herbeischaffen. Wilhelms Sohn Moritz vollendete das Bauwerk bis 1618. Unter seinen Nachfolgern wurde es nur noch selten genutzt, Anfang des 19. Jahrhunderts schließlich aufgegeben. 1873 übernahm es der Verein für Hennebergische Geschichte und Landeskunde und führte es nach und nach einer musealen Nutzung zu.

Unter Landgraf Moritz dem Gelehrten gehörte der Kasseler Hof zu den kulturell reichsten und vielgestaltigsten in Deutschland. Vor allem in der Musikpflege und beim Theater hatte er eine Mittlerrolle übernommen zwischen den katholischen westdeutschen Territorien und den sich seit der Reformation in einer Wandlung befindenden mitteldeutschen Fürstentümern. Dass Thüringen davon schon früh profitierte, war vor allem der neuen Rolle Schmalkaldens zu danken. Manchmal hielt sich Landgraf Moritz mit seinem Hofstaat wochenlang in seiner thüringischen Besitzung auf, vor allem während der jährlichen „Hirschessen“ im Herbst. Aufzüge und Turniere gaben dann der sonst eher geschäftigen Stadt ein festliches Gepräge.

***Schloss Wilhelmsburg**, Stadtseite.*

***Landgraf Moritz der Gelehrte** mit Familie, Kupferstich, 1638.*

Die Landgrafen von Hessen-Kassel

Wilhelm IV., der Weise	1567-1592
Moritz der Gelehrte	1592-1627
Wilhelm V., der Beständige	1627-1637
Wilhelm VI.	1637-1663
Wilhelm VII.	1663-1670
Karl	1670-1730
Friedrich I.	1730-1751
Wilhelm VIII.	1751-1760
Friedrich II.	1760-1785
Wilhelm IX. (I.)	1785-1803 (-1821)

Die Musikpflege der Landgrafen von Hessen

Obwohl Moritz 1605 zum Calvinismus übergetreten war, schenkte er der Musikfeindlichkeit dieser protestantischen Glaubensrichtung keine Beachtung. Eher war das Gegenteil der Fall, denn er hatte seine Residenz nach dem Vorbild des katholischen Münchener Hofes zu einem führenden deutschen Musikzentrum ausgebaut. Georg Otto, der in seiner Jugend noch die Musikpflege des aus dem thüringischen Kahla stammenden Luther-Freundes Johann Walther erlebt hatte, war seit 1586 Kapellmeister in Kassel. Wie kein zweiter hatte es der Torgauer dort verstanden, den Impuls, den die Reformation der allgemeinen Musikentwicklung gegeben hatte, auf die Wünsche des Hofes zu übertragen und diese für den mitteldeutschen Raum neuartige Musik mit italienischen Einflüssen zu verbinden. Nach Kasseler Vorbild wurden 1593 in Altenburg und 1603 in Coburg die ersten thüringischen Hofkapellen gegründet. Nachdem die Altenburger Kapelle 1603 nach Weimar verlegt wurde, war dort für kurze Zeit der berühmte Liederkomponist und spätere Thomaskantor Johann Hermann Schein Kapellmeister, am aufstrebenden Coburger Hof der Hans-Leo-Haßler-Schüler Melchior Franck. Beide Orchester entwickelten sich in kurzer Zeit zu den ersten leistungsfähigen Klangkörpern in Thüringen. Nicht wenige der hier wirkenden Musiker hatten in Kassel wichtige Bildungsjahre verbracht. Der aus dem reußischen Köstritz stammende Heinrich Schütz ist der berühmteste. Der Landgraf, der Schützens Begabung selbst entdeckt hatte und ihn in Kassel ausbilden ließ, schickte den begnadeten Musiker 1608 nach Venedig und gab ihm damit die Möglichkeit, Anschluss an die europäische Entwicklung zu finden.

Das Kassel Moritz' des Gelehrten war auch ein wichtiger Theaterort. Schon 1604 hatte der Landgraf mit dem Ottonium in seiner Residenz das erste feste Theatergebäude Deutschlands errichten lassen. Seit 1580 gastierten in Kassel regelmäßig englische Komödianten. 1594 ließ sie der Landgraf erstmals auf dem Schmalkalder Schloss auftreten. 1597 feierte man dort die Hochzeit von Moritz' Schwester. Für dieses hohe

Fest hatte der Landgraf eigens eine Komödie verfasst und aufführen lassen. Moritz war in jeder Hinsicht eine bemerkenswerte Persönlichkeit. So beschäftigte er sich auch mit Naturstudien, betätigte sich als Chirurg und Alchemist. Der in Prag residierende Kaiser Rudolf II. war ihm Vorbild. Wie der Habsburger korrespondierte auch der Hesse mit den bedeutendsten Gelehrten der Zeit.

Englische Komödianten waren die Vorbilder für das nachfolgende deutsche Wandertruppenwesen. Sie spielten während der Messen auf den Jahrmärkten und schlugen nicht selten ihre Bühnen auch in Rathaussälen und in Gasthöfen auf. Immer hatten sie sich aber den strengen Stadtordnungen zu fügen, und nicht selten verboten Kirche und Rat aus moralisch-religiösen Vorbehalten ihr Spiel. Die Fürsten dagegen waren ihnen meist gewogen, so dass manche Truppe an einem Hof fest engagiert wurde. Eine der erfolgreichsten war die von Robert Browne. Zwei Jahre lang spielte sie am Wolfenbütteler Hof, wo Landgraf Moritz sie erlebt hatte. Als der Prinzipal 1594 nach London zurückkehrte, engagierte Moritz die Schauspieler. Noch im selben Jahr trat die Truppe auch in Schmalkalden auf. Welche Stücke die Engländer dort gaben, ist nicht überliefert. Man weiß aber ungefähr, was sie anderenorts spielten. So führten sie 1626 während ihres halbjährigen Dresdner Gastspiels nacheinander 29 verschiedene Dramen auf, darunter welche von Thomas Kyd, Christopher Marlowe und – William Shakespeare!

Obwohl Moritz die Theatertruppen nicht dauernd an seinen Hof binden konnte, gingen von dem von ihm geförderten Theater mannigfache Impulse aus. Dabei zeigte sich aber, dass zwischen den bürgerlich denkenden Berufsschauspielern und ihrem festen Repertoire, das zudem noch auf die Unterhaltungsbedürfnisse eines sehr breiten Publikums ausgerichtet war, und dem höfischen Bedürfnis nach Repräsentation eine tiefe Kluft bestand. Der Hof entwickelte in den folgenden Jahrzehnten mit dem szenischen Festspiel und der italienischen Oper seine eigenen Gattungen. Die Fürsten waren dabei bereit, sich den europäischen Entwicklungen zu öffnen, oft auch im Widerspruch zu ihren Theologen. Musik und Theater gingen in dieser Entwicklung der Literaturförderung voraus.
Die hessische Herrschaft über Schmalkalden dauerte bis 1866. Da Hessen-Kassel im Deutsch-deutschen Krieg an der Seite der Habsburger stand, wurde das Land (und mit ihm die Herrschaft Schmalkalden) von Preußen annektiert und zur ohnehin schon preußischen Provinz Hessen-Nassau geschlagen.

Die Schwarzburger im 16. Jahrhundert

Die Schwarzburger hatten im 16. Jahrhundert den Höhepunkt ihrer dynastischen Entwicklung erreicht. Am Schmalkaldischen Krieg nicht beteiligt, profitierten sie in hohem Maße vom politischen Niedergang der Ernestiner. Graf Günther XL. regierte in der Mitte des 16. Jahrhunderts fast alle Teile des schwarzburgischen Besitzes, was ihm die Beinamen „mit dem fetten Maule“ und „der Reiche“ einbrachte. Er ist der Stammvater beider neuzeitlicher Linien des Hauses Schwarzburg.

Graf Günther XL., der Reiche, von Schwarzburg, *Ölbild, 16. Jh.*

Günther XL. ließ ab 1533 anstelle einer Burg das Sondershäuser Renaissance-Schloss erbauen und prächtig ausgestalten. Der Süd-, Ost- und Nordflügel der heutigen Anlage erinnern noch an diesen frühen Thüringer Schlossbau. Auf Günther XL. geht auch eine besondere Kuriosität des heutigen Sondershäuser Schlossmuseums zurück. Er erwarb den sog. „Püsterich“, eine altertümliche kultische hohle Erzfigur, die im Munde mit einer Öffnung versehen ist und Dampf ausstoßen kann. Man fand diese Figur in der verschütteten Kapelle der Rothenburg im Kyffhäuser.

Zu der selben Zeit wie das erste Sondershäuser Schloss wurde auch in Frankenhausen ein Renaissance-Schloss errichtet, das noch heute existiert. Von 1531 bis 1537 residierte dort Graf Heinrich XXXIV. Nach seinem frühen Tod fiel Frankenhausen wieder an Günther XL. Nach dessen Tod residierte sein Sohn Graf Wilhelm auf dem Frankenhäuser Schloss.

***Schloss Frankenhausen**, Blick von Westen her.*

In die ersten Jahre der Regentschaft Günthers XL. fällt auch ein Ereignis, bei dem zum ersten Mal eine Schwarzburgerin als Friedensstifterin in Erscheinung trat. Nach der Mühlberger Schlacht kamen kaiserliche Truppen, mit ihnen auch der spanische Herzog von Alba, nach Rudolstadt. Die Gräfin Katharina, eine geborene Hennebergerin und Witwe des 1538 verstorbenen Grafen Heinrich XXXII., der für das Haus Schwarzburg 1531 die Reformation angenommen hatte, schloss mit den Heerführern einen Vertrag, der den Soldaten das Plündern untersagte. Als diese sich nicht daran hielten, drohte sie den Besatzern mit Waffengewalt, bis diese das Recht wieder herstellten. Friedrich Schiller hat 1788, als er sich einen ganzen Sommer in Volkstedt, in der Nähe von Rudolstadt, aufhielt, der mutigen Schwarzburgerin in der anekdotischen Erzählung „Herzog von Alba bei einem Frühstück auf dem Schlosse zu Rudolstadt im Jahr 1547“ ein literarisches Denkmal gesetzt.

Friedrich Schiller: Herzog von Alba bei einem Frühstück auf dem Schlosse zu Rudolstadt im Jahr 1547 (1788, Auszug)

(...)

Ein freundlicher Empfang und eine gut besetzte Tafel erwarten den Herzog auf dem Schlosse. Er muss gestehen, dass die thüringischen Damen eine sehr gute Küche führen und auf die Ehre des Gastrechts halten. Noch hat man sich kaum niedergesetzt, als ein Eilbote die Gräfin aus dem Saal ruft. Es wird ihr gemeldet, dass in einigen Dörfern unterwegs die spanischen Soldaten Gewalt gebraucht und den Bauern das Vieh weggetrieben hätten. Katharina war eine Mutter ihres Volks; was dem Ärmsten ihrer Untertanen widerfuhr, war ihr selbst zugestoßen. Aufs äußerste über diese Wortbrüchigkeit entrüstet, doch von ihrer Geistesgegenwart nicht verlassen, befiehlt sie ihrer ganzen Dienerschaft, sich in aller Geschwindigkeit und Stille zu bewaffnen und die Schlosspforten wohl zu verriegeln; sie selbst begibt sich wieder nach dem Saale, wo die Fürsten noch bei Tische sitzen. Hier klagt sie ihnen in den beweglichsten Ausdrücken, was ihr eben hinterbracht worden, und wie schlecht man das gegebene Kaiserwort gehalten. Man erwidert ihr mit Lachen, dass dies nun einmal Kriegsgebrauch sei und dass bei einem Durchmarsch von Soldaten dergleichen kleine Unfälle nicht zu verhüten stünden. „Das wollen wir doch sehen“, antwortete sie aufgebracht. „Meinen armen Untertanen muss das Ihrige wieder werden, oder, bei Gott!“ – indem sie drohend ihre Stimme anstrengte, „Fürstenblut für Ochsenblut!“ Mit dieser bündigen Erklärung verließ sie das Zimmer, das in wenigen Augenblicken von Bewaffneten erfüllt war, die sich, das Schwert in der Hand, doch mit vieler Ehrerbietigkeit, hinter die Stühle der Fürsten pflanzten und das Frühstück bedienten. Beim Eintritt dieser kampflustigen Schar veränderte Herzog Alba die Farbe; stumm und betreten sah man einander an. Abgeschnitten von der Armee, von einer überlegenen handfesten Menge umgeben, was blieb ihm übrig, als sich in Geduld zu fassen und, auf welche Bedingungen es auch sei, die beleidigte Dame zu

versöhnen? Heinrich von Braunschweig fasste sich zuerst und brach in ein lautes Gelächter aus. Er ergriff den vernünftigen Ausweg, den ganzen Vorgang ins Lustige zu kehren, und hielt der Gräfin eine große Lobrede über ihre landesmütterliche Sorgfalt und den entschlossenen Mut, den sie bewiesen. Er bat sie, sich ruhig zu verhalten, und nahm es auf sich, den Herzog von Alba zu allem, was billig sei, zu vermögen. Auch brachte er es bei dem letztern wirklich dahin, dass er auf der Stelle einen Befehl an die Armee ausfertigte, das geraubte Vieh den Eigentümern ohne Verzug wieder auszuliefern. Sobald die Gräfin von Schwarzburg der Zurückgabe gewiss war, bedankte sie sich aufs schönste bei ihren Gästen, die sehr höflich von ihr Abschied nahmen.
(...)

Der Sohn Günthers XL., Graf Günther XLI., der Streitbare, ist eine der bedeutendsten Persönlichkeiten, die das Haus Schwarzburg hervorgebracht hat. Er stand im Dienst zweier Kaiser. Zuerst hatte er an der Seite Karls V. an der Belagerung von Metz teilgenommen, dann war er zusammen mit Maximilian II. nach Ungarn gezogen und hat gegen die Türken gekämpft. Für seine Leistungen als militärischer Führer wurde er großzügig entlohnt. Seine größten Verdienste erwarb er sich aber in den Niederlanden, wo er maßgeblich am Unabhängigkeitskampf gegen die Spanier beteiligt war. Dies war möglich, weil er seit seinen Jugendjahren, die er zum Teil am Hof zu Nassau-Dillenburg verbracht hat, mit Wilhelm von Nassau, der später als Wilhelm von Oranien Generalstatthalter der Niederlande werden sollte, befreundet war. Später wurde er auch dessen Schwager.

Graf Günther XLI. und die Niederlande

Der Schwarzburger hat dort einen großen Teil seines Lebens verbracht. Schon 1553 war er nach Brüssel gegangen, um im Auftrag des damals noch in kaiserlichen Diensten stehenden Wilhelm von Oranien Truppen zu werben. Als sich die Lage unter dem Herzog von Alba zuspitzte, bat der Kaiser Günther um Mittlerdienste. Da der Spanier nicht einzulenken bereit war, scheiterten diese.

Nach der Hinrichtung der Grafen Egmont und Hoorn quittierte Günther den Dienst und trat zu den Aufständischen über. Dennoch behielt der Schwarzburger das Vertrauen des Kaisers und war als Ratgeber geschätzt. Am Ende seines Lebens nahm er als niederländischer General aktiv am Unabhängigkeitskampf teil. 1583 starb er in Antwerpen. Sein Leichnam wurde nach Arnstadt überführt. Günthers Sohn Albrecht VII. war mit Juliane, der jüngsten Schwester Wilhelms von Oranien, verheiratet und als Militär gleichfalls am Unabhängigkeitskampf der Niederländer beteiligt. Die engen Beziehungen der Schwarzburger zu den Niederlanden schlugen sich auch in der Architektur nieder. So errichtete der niederländische Baumeister Erhard von der Mere ab 1553 im Auftrag von Günther XLI. das heute nicht mehr existierende Schloss Neidecksburg in Arnstadt. Von der einstigen reichen Ausstattung sind nur noch zwei Brüsseler Teppiche erhalten.

Günther XLI., *Ölbild, 2. Hälfte des 16. Jh.s.*

Seit 1567 stritt sich Günther XLI. mit seinen mündig gewordenen jüngeren Brüdern Johann Günther I., Wilhelm und Albrecht VII. um die Einkünfte des Landes. Schließlich kam man 1571 im Einvernehmen mit Kaiser Maximilian II. überein, die Grafschaft aufzuteilen. Da man sich aber über viele Fragen nicht einig wurde, änderte sich 1571 noch nicht viel. Erst 1599 entstanden im Teilungsvertrag von Ilm (das ist das heutige Stadtilm) aus dem schwarzburgischen Gesamtbesitz die bis 1918 bestehenden Grafschaften bzw. Fürstentümer Schwarzburg-Rudolstadt und Schwarzburg-Sondershausen. Letzteres war zeitweilig in die Linien Arnstadt, Sondershausen und Ebeleben untergliedert. Johann Günther I. und sein Sohn Anton Heinrich wurden die Begründer der Sondershäuser Linie, Albrecht VII. der der Rudolstädter Linie. Beide schwarzburgische Staaten bestanden fortan jeweils aus einer im Thüringer Wald gelegenen Oberherrschaft und einer nordthüringischen Unterherrschaft, also aus zwei weit voneinander entfernt liegenden Besitztümern.

1573 brannte die Rudolstädter Heidecksburg ab. Graf Albrecht VII. ließ an deren Stelle eine dreiflüglige Schlossanlage errichten. Das Figuren-Portal am Nordflügel erinnert heute noch an dieses Renaissance-Schloss.

***Blick in die Schlossauffahrt** unter dem Südflügel.*

***Figurenportal am Nordflügel der Heidecksburg**, 1573.*

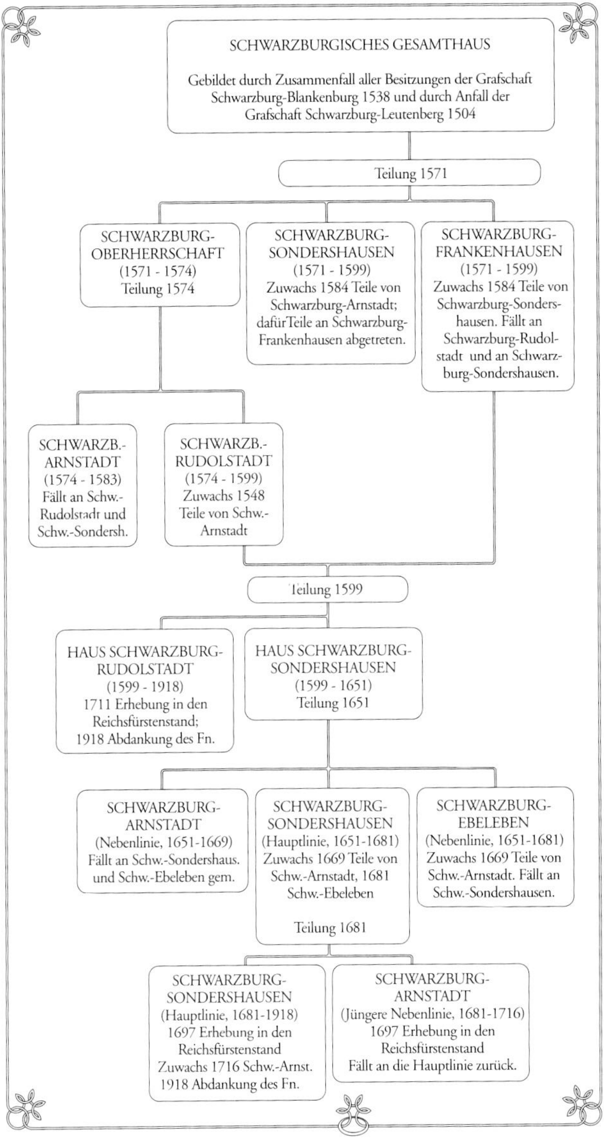
SCHWARZBURGISCHES GESAMTHAUS
Gebildet durch Zusammenfall aller Besitzungen der Grafschaft Schwarzburg-Blankenburg 1538 und durch Anfall der Grafschaft Schwarzburg-Leutenberg 1504
Teilung 1571
SCHWARZBURG-OBERHERRSCHAFT (1571 - 1574) Teilung 1574
SCHWARZBURG-SONDERSHAUSEN (1571 - 1599) Zuwachs 1584 Teile von Schwarzburg-Arnstadt; dafür Teile an Schwarzburg-Frankenhausen abgetreten.
SCHWARZBURG-FRANKENHAUSEN (1571 - 1599) Zuwachs 1584 Teile von Schwarzburg-Sondershausen. Fällt an Schwarzburg-Rudolstadt und an Schwarzburg-Sondershausen.
SCHWARZB.-ARNSTADT (1574 - 1583) Fällt an Schw.-Rudolstadt und Schw.-Sondersh.
SCHWARZB.-RUDOLSTADT (1574 - 1599) Zuwachs 1548 Teile von Schw.-Arnstadt
Teilung 1599
HAUS SCHWARZBURG-RUDOLSTADT (1599 - 1918) 1711 Erhebung in den Reichsfürstenstand; 1918 Abdankung des Fn.
HAUS SCHWARZBURG-SONDERSHAUSEN (1599 - 1651) Teilung 1651
SCHWARZBURG-ARNSTADT (Nebenlinie, 1651-1669) Fällt an Schw.-Sondershaus. und Schw.-Ebeleben gem.
SCHWARZBURG-SONDERSHAUSEN (Hauptlinie, 1651-1681) Zuwachs 1669 Teile von Schw.-Arnstadt, 1681 Schw.-Ebeleben
Teilung 1681
SCHWARZBURG-EBELEBEN (Nebenlinie, 1651-1681) Zuwachs 1669 Teile von Schw.-Arnstadt. Fällt an Schw.-Sondershausen.
SCHWARZBURG-SONDERSHAUSEN (Hauptlinie, 1681-1918) 1697 Erhebung in den Reichsfürstenstand Zuwachs 1716 Schw.-Arnst. 1918 Abdankung des Fn.
SCHWARZBURG-ARNSTADT (Jüngere Nebenlinie, 1681-1716) 1697 Erhebung in den Reichsfürstenstand Fällt an die Hauptlinie zurück.

Die ernestinischen Herzogtümer im 17. und im frühen 18. Jahrhunderts

Der von Weimar aus regierte ernestinische Gesamtbesitz wurde 1572 aufgeteilt in die Herzogtümer Sachsen-Weimar und Sachsen-Coburg, von denen sich 1596 bzw. 1603 noch einmal die Herzogtümer Sachsen-Eisenach und Sachsen-Altenburg abspalteten. Die Entstehung dieser Kleinstaaten war nicht nur die Folge fehlender Erbfolgeregelungen, sondern das handgreifliche Ergebnis einer gescheiterten Machtpolitik. Dass die Ernestiner nach den Grumbachschen Händeln ihre Staatlichkeit überhaupt behielten, verdankten sie dem Interessengegensatz zwischen dem von den Albertinern regierten Kursachsen und dem Kaiser. Die einen konnten an ihrer westlichen Flanke Kleinstaaten gerade noch akzeptieren, während dem anderen ein weiterer Machtzuwachs Sachsens äußerst ungelegen erscheinen musste. Solange diese Gegensätze Bestand hatten, waren die ernestinischen Staaten in ihrer Existenz gesichert.

Während das von den Albertinern regierte Kursachsen im letzten Drittel des 16. Jahrhunderts in Mitteldeutschland die politische Führungsrolle übernommen hatte, spielten die Herzogtümer der Ernestiner von nun an – auch innerhalb Thüringens – als Machtfaktoren keine Rolle mehr. Zwischen den einzelnen thüringischen Fürstentümern – die der Schwarzburger und die der Reußen eingeschlossen – hatte sich bereits zu Beginn des 17. Jahrhunderts ein relatives Kräftegleichgewicht herausgebildet, das durch weitere Teilungen nur noch ausgeglichener werden konnte.

Die weitere Entwicklung hat gezeigt – von dem Engagement Bernhards von Weimar im 30-jährigen Krieg einmal abgesehen –, dass die Ernestiner diese Situation kaum als Unglück begriffen und deshalb jede Möglichkeit, die Lage grundlegend zu verändern, ausgeschlagen haben. So konnte der Gothaer Herzog Ernst der Fromme 1672 durch den Anfall des Herzogtums Sachsen-Altenburg den größeren Teil der ernestinischen Territorien vereinigen. Anstatt die ihm auf diese

Weise zugefallene Führungsrolle gesetzlich zu festigen, verzichtete er im sogenannten „Nexus Gothanus" auf die Einführung der Primogenitur (also dem Vorrecht des ältesten Sohnes auf die Regentschaft) und wies im Testament jedem seiner sieben Söhne eine eigene Hofhaltung zu. Damit forderte er sie geradezu auf, das umfängliche Erbe aufzuteilen, was dann 1680 mit der Begründung von sieben Gothaer Nebenlinien auch geschah. Damit war Thüringen auf lange Sicht hin in Kleinstaaten aufgeteilt. Erst Herzog Carl August von Sachsen-Weimar und Eisenach hat auf dem Wiener Kongress 1815 davon geträumt, den wettinischen Gesamtstaat auf Kosten der napoleonfreundlichen Albertiner unter seiner Führung wiederherstellen zu können.

Blick zum hochgelegenen Residenzschloss Altenburg.

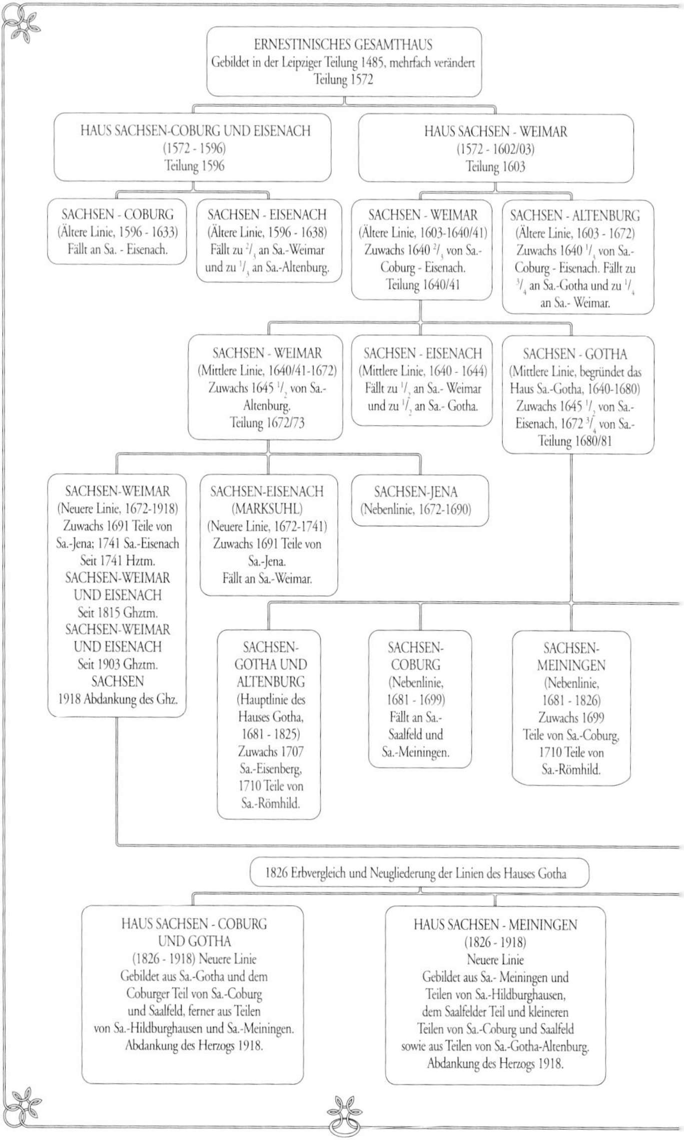
ERNESTINISCHES GESAMTHAUS
Gebildet in der Leipziger Teilung 1485, mehrfach verändert
Teilung 1572
HAUS SACHSEN-COBURG UND EISENACH
(1572 - 1596)
Teilung 1596
HAUS SACHSEN - WEIMAR
(1572 - 1602/03)
Teilung 1603
SACHSEN - COBURG
(Ältere Linie, 1596 - 1633)
Fällt an Sa. - Eisenach.
SACHSEN - EISENACH
(Ältere Linie, 1596 - 1638)
Fällt zu $^{2}/_{3}$ an Sa.-Weimar und zu $^{1}/_{3}$ an Sa.-Altenburg.
SACHSEN - WEIMAR
(Ältere Linie, 1603-1640/41)
Zuwachs 1640 $^{2}/_{3}$ von Sa.-Coburg - Eisenach.
Teilung 1640/41
SACHSEN - ALTENBURG
(Ältere Linie, 1603 - 1672)
Zuwachs 1640 $^{1}/_{3}$ von Sa.-Coburg - Eisenach. Fällt zu $^{3}/_{4}$ an Sa.-Gotha und zu $^{1}/_{4}$ an Sa.- Weimar.
SACHSEN - WEIMAR
(Mittlere Linie, 1640/41-1672)
Zuwachs 1645 $^{1}/_{2}$ von Sa.-Altenburg.
Teilung 1672/73
SACHSEN - EISENACH
(Mittlere Linie, 1640 - 1644)
Fällt zu $^{1}/_{2}$ an Sa.- Weimar und zu $^{1}/_{2}$ an Sa.- Gotha.
SACHSEN - GOTHA
(Mittlere Linie, begründet das Haus Sa.-Gotha, 1640-1680)
Zuwachs 1645 $^{1}/_{2}$ von Sa.-Eisenach, 1672 $^{3}/_{4}$ von Sa.-
Teilung 1680/81
SACHSEN-WEIMAR
(Neuere Linie, 1672-1918)
Zuwachs 1691 Teile von Sa.-Jena; 1741 Sa.-Eisenach
Seit 1741 Hztm.
SACHSEN-WEIMAR UND EISENACH
Seit 1815 Ghztm.
SACHSEN-WEIMAR UND EISENACH
Seit 1903 Ghztm.
SACHSEN
1918 Abdankung des Ghz.
SACHSEN-EISENACH
(MARKSUHL)
(Neuere Linie, 1672-1741)
Zuwachs 1691 Teile von Sa.-Jena.
Fällt an Sa.-Weimar.
SACHSEN-JENA
(Nebenlinie, 1672-1690)
SACHSEN-GOTHA UND ALTENBURG
(Hauptlinie des Hauses Gotha, 1681 - 1825)
Zuwachs 1707 Sa.-Eisenberg, 1710 Teile von Sa.-Römhild.
SACHSEN-COBURG
(Nebenlinie, 1681 - 1699)
Fällt an Sa.-Saalfeld und Sa.-Meiningen.
SACHSEN-MEININGEN
(Nebenlinie, 1681 - 1826)
Zuwachs 1699 Teile von Sa.-Coburg, 1710 Teile von Sa.-Römhild.
1826 Erbvergleich und Neugliederung der Linien des Hauses Gotha
HAUS SACHSEN - COBURG UND GOTHA
(1826 - 1918) Neuere Linie
Gebildet aus Sa.-Gotha und dem Coburger Teil von Sa.-Coburg und Saalfeld, ferner aus Teilen von Sa.-Hildburghausen und Sa.-Meiningen.
Abdankung des Herzogs 1918.
HAUS SACHSEN - MEININGEN
(1826 - 1918)
Neuere Linie
Gebildet aus Sa.- Meiningen und Teilen von Sa.-Hildburghausen, dem Saalfelder Teil und kleineren Teilen von Sa.-Coburg und Saalfeld sowie aus Teilen von Sa.-Gotha-Altenburg.
Abdankung des Herzogs 1918.

Übersicht zu den ernestinischen Ländern

SACHSEN-RÖMHILD
(Nebenlinie,
1680 -1710)
Fällt an Sa.-Gotha, an Sa.-Meiningen, an Sa.-Hildburgh. und an Sa.-Saalfeld.

SACHSEN-EISENBERG
(Nebenlinie,
1680 - 1707)
Fällt an Sa.-Gotha.

SACHSEN-HILDBURGHAUSEN
(Nebenlinie,
1680 - 1826)
Zuwachs 1710
Teile von Sa.-Römhild.

SACHSEN-SAALFELD
(Nebenlinie,
1680 - 1735)
Zuwachs 1710
Teile von Sa.-Römhild,
1735 der größte Teil
des ehem. Sa.-Coburg, seitdem
SACHSEN-COBURG
UND SAALFELD
(1735 - 1826)

HAUS SACHSEN - ALTENBURG
(1826 - 1918)
Neuere Linie
Gebildet aus dem Altenburger
Teil von Sa.-Gotha und Altenburg.
Abdankung des Herzogs 1918.

Trotz dieser kleinteiligen Entwicklung gingen von den thüringischen Fürstenstaaten vor allem im 17. und 18. Jahrhundert beachtliche Impulse für die Kulturentwicklung aus. Spätestens seit der 1617 in Weimar erfolgten Gründung der Fruchtbringenden Gesellschaft durch den Weimarer Herzog Johann Ernst d.J. sprengten die Ernestiner ihren regionalen Wirkungskreis. In der traditionellen Kulturgeschichtsschreibung wurde diese Tatsache damit erklärt, dass sie ihre fehlenden politischen Potenzen durch Aktivitäten auf kulturellem Gebiet zu kompensieren suchten. Spektakuläres hätte sich so sicherlich erreichen lassen, Kontinuität über Jahrhunderte hin aber wohl kaum. Bis zur Entstehung des Weimarer Musenhofes im letzten Drittel des 18. Jahrhunderts war es jedoch noch eine lange Wegstrecke.

Die Herzöge von Sachsen-Weimar I

Johann Wilhelm	(1567-) 1572-1573
Friedrich Wilhelm I.	1586-1602
Johann	1602-1605
Johann Ernst I., d.J.	1615-1626
Wilhelm IV.	1626-1662
Johann Ernst II.	1662-1683
Wilhelm Ernst	1683-1728
Ernst August I.	1728-1741 (-1748)

Obwohl die Ernestiner wie ihre albertinischen Vettern 1577 Pfarrer, Lehrer und Beamte mit der sog. Konkordienformel auf ein strenges Luthertum verpflichtet hatten, unterhielten sie von Anfang an (bedingt auch durch verwandtschaftliche Bindungen) dauerhafte Kontakte zu den benachbarten calvinistischen Höfen, oft sogar in Opposition zu ihren eifernden Theologen. Diese konnten nicht nachvollziehen, dass es den Fürsten auch aus Gründen eines sich möglicherweise ändernden Kräfteverhältnisses geraten erschien, in Glaubensdingen offen zu bleiben und ein Mindestmaß an Toleranz zu üben. So war Herzog Johann von Sachsen-Weimar mit einer Calvinistin, Dorothea Maria von Anhalt, verheiratet. Gerade am Weimarer Hof zeigte es sich deutlich, dass sich der ethische Auftrag eines gesellschaftlich engagierten Luthertums aufs kräftigste mit den auf staatsutopische Konzepte aufbauenden sezessionistischen Bestrebungen einer „Zweiten Reformation" verband. So fand der Reformpädagoge Wolfgang Ratke durch Dorothea Maria nicht nur Förderung bei der Umsetzung seines nach dem Grundsatz „Omnia primum in Germanico" – alles zuerst in deutsch – aufgebauten Schulprogramms, sondern auch offene Ohren für seine eng damit verknüpften politisch-religiösen Zielvorstellungen, wonach einer im „Ganzen Reich" eingeführten „einträchtige(n) Sprache ... auch ein(e) einträchtige Regierung, und endlich auch ein(e) einträchtige Religion" folgen sollten.

***Herzog Ernst d. J.** von Sachsen-Weimar, Kupferstich, 1621.*

Die Fruchtbringende Gesellschaft

Dorothea Marias Sohn, Herzog Johann Ernst d.J., ist der Mitbegründer der ersten deutschen Akademie, die nach ihrem Emblem schon von den Zeitgenossen auch Palmenorden genannt wurde. Ihre Einrichtung erfolgte am 24. August 1617 auf dem Hornstein, dem Residenzschloss der weimarischen Herzöge „bei einer vornehmen / wiewohl trauriger Fürstlicher und Adelicher Personen-Zusammenkunft", womit die Beisetzung der plötzlich verstorbenen Herzoginmutter gemeint ist. Der Überlieferung nach machte der Hofmarschall Caspar von Teutleben den Gründungsvorschlag. Nach den fürstlichen Stiftern Johann Ernst d.J. und Dorothea Marias Bruder Ludwig I. von Anhalt-Köthen sollten die meist adeligen Mitglieder „Liebhaber aller Ehrbarkeit / Tugend und Höflichkeit" sein, aber auch über den Ständen und den Religionsauseinandersetzungen stehen. Ihr Vorbild war die 1582 in Florenz gegründete humanistische Accademia della crusca. Wie die Florentiner die italienische so wollten die Weimarer die deutsche Sprache fördern sowie Literatur aus den romanischen Ländern übersetzen lassen. Die Gesellschaftsimprese mit ihrem Sinnspruch „Alles zu Nutzen" verweist aber auf ein noch weit größeres Betätigungsfeld.

Gesellschaftsimprese *der Fruchtbringenden Gesellschaft, Kupferstich von Matthäus Merian d.Ä., 1622.*

Mit den Nachkommen Johann Wilhelms, darunter sein Enkel Johann Ernst d.J., regierte in Sachsen-Weimar die ernestinische Hauptlinie. Der jeweilige Herzog galt als primus inter pares, als erster unter gleichen. Dennoch wurde von den Vertretern der Nebenlinien immer wieder versucht, wenigstens eine partielle Selbstständigkeit zu erlangen. Die Universität und der Schöppenstuhl in Jena blieben aber als Gemeinschaftseinrichtungen aller ernestinischer Herzogtümer bestehen. Obwohl Sachsen-Weimar dominierte, gingen wichtige staatspolitische Innovationen auch von anderen Herzogtümern aus, zuerst von dem kurzlebigen älteren Sachsen-Coburg, dessen einziger Regent Johann Casimir der älteste Sohn des unglücklichen Johann Friedrich II. war.

Als erster Fürst in Thüringen hatte Johann Casimir schon Ende der 90-er Jahre mit dem Geheimen Rat eine wirksame und effiziente Zentralbehörde geschaffen, in der er selbst zwar die letzte Entscheidung hatte, letztendlich aber gut ausgebildete und von einem hohen Ethos geleitete, aus dem Bürgertum stammende Beamte regierten. Die Aufgaben des Geheimen Rates erstreckten sich auf die Außenpolitik, die (herzoglichen) Haussachen und auf die allgemeine Verwaltung. Die Kirchenverwaltung, zu der auch das gesamte Unterrichtswesen gehörte, unterstand dem Konsistorium. Für die Jurisdiktion hatte der Herzog 1598 sowohl ein eigenes Appelationsgericht als auch ein Hofgericht mit Schöppenstuhl installieren lassen, was allerdings das Verhältnis zu Weimar belasten musste, die Selbstständigkeit Coburgs aber festigte. Johann Casimir beschäftigte sich sogar mit der Gründung einer eigenen Universität. Dafür reichten aber weder die eigenen Mittel, noch ließ sich ein solches Vorhaben beim Kaiser durchsetzen. Das vom Herzog 1605 dafür als Ersatz gegründete und nach ihm benannte Gymnasium genoss aber einen guten Ruf. Mit den Theologen Johann Gerhard und Johann Matthäus Meyfart wirkten dort weit über Thüringen hinaus bekannte Gelehrte. Das Schulgebäude gehört zu den schönsten Renaissance-Bauwerken im thüringisch-fränkischen Raum. Bis heute hat sich am Casimirianum der Brauch gehalten, am Schuljahresende das Haupt des Herzogs nach antikem Brauch zu bekränzen.

Das Standbild Herzog Johann Casimirs *am Gymnasium.*

Für die Unterbringung der Regierungskanzlei ließ Johann Casimir ab 1597 am Marktplatz ein würdiges Gebäude errichten, das sich von der Bauform und der auffälligen Eleganz der Giebel und Zwerchhäuser her noch heute wie ein Komplementärstück zum Schloss ausnimmt. Wie dieses diente auch das Regierungsgebäude der landesherrlichen Repräsentation. Mit der Planung beauftragte er Peter Sengelaub, der später auch das Gymnasium und das Zeughaus errichtete. Wie kaum ein anderer der nach ihm regierenden Coburger Herzöge hinterließ er in der Stadt tiefe Spuren. Mehr noch: Die Silhouette Coburgs scheint noch heute casimirianisch geprägt.

Johann Casimirs Verwaltungsreformen haben – längerfristig gesehen – die Residenz grundlegend verändert. Die Bürgerlichen waren durch ihre hohen Ämter in die Nähe des Adels gerückt oder sogar nobilitiert worden. Da sie ihre angestammten Rechte in Gefahr sahen, wollten sich Teile des Landadels diesen neuen Gegebenheiten nicht fügen. Der Herzog war für sie plötzlich nicht mehr der Vertreter ihrer Interessen. Viele wurden deshalb zu heimlichen Frondeuren. 1613 unterwarf Johann Casimir die Ritterschaft und legte die Rechte neu fest. Mit dieser Maßnahme trug er nicht unwesentlich zur Disziplinierung des Adels bei und damit zur Festigung des von ihm geschaffenen modernen Staates. Mustergültig war auch die 1626 in Kraft getretene neue Kirchen- und Schulordnung, deren Mitverfasser Johann Gerhard war. Diese sog. „Casimiriana" war Vorbild für alle thüringischen Fürstenstaaten und hat mit ihren Bestimmungen fast bis in die Gegenwart überdauert.

Dass in Coburg glanzvolle Hoffeste abgehalten wurden, ging vor allem auf die lebenslustige und aus Kursachsen stammende Herzogin Anna zurück. Zu den Festen gehörten auch Theateraufführungen. Da es keine Berufsschauspieler gab, ließ der Herzog die Gymnasiasten spielen. Das Coburger Schultheater wirkte richtungsweisend für alle Höfe in Thüringen. Johann Casimir selbst liebte mehr die Jagd, von alters her das eifersüchtig gewahrte Privileg des Adels. Seine Leidenschaft dafür war so groß, dass er oft wochenlang fortblieb und in dieser Zeit die Regierungsgeschäfte vernachlässigte.
Obwohl Johann Casimir friedfertig im politischen Umgang und tolerant in religiösen Fragen war, konnte er gegenüber seinen Nächsten unduldsam und unnachgiebig, nicht selten grausam sein. Als seine Gemahlin Anna die Ehe brach, setzte er sofort die Scheidung durch und ließ deren Liebhaber lebenslang im Kerker schmachten. Auch die Herzogin wurde gefangengesetzt und gedemütigt. Als Johann Casimir eine zweite Ehe einging, ließ er eine Münze prägen, die auf dem Avers ein sich innig küssendes Paar zeigt mit der Umschrift: „Wie küssen sich die zwei so fein", auf der anderen Seite war Anna abgebildet mit den Worten: „Wer küsst mich armes Nünnelein".

1595 starb Herzog Johann Friedrich II. in kaiserlicher Gefangenschaft. Drei Jahre später ließ Johann Casimir über seinem Grab in der Coburger Morizkirche ein Grabmonument von 13 Metern Höhe errichten. Es gehört mit seiner Schmuckfülle zu den beeindruckendsten Leistungen der Bildhauerkunst der deutschen Spätrenaissance. Der schmerzliche Verlust des Vaters und die tiefe Demütigung des ernestinischen Fürstenhauses fanden in diesem von Nikolaus Bergner geschaffenen Grabmal ihre künstlerische Umsetzung. Die Größe des Denkmals musste ersetzen, was den Ernestinern in Wirklichkeit versagt geblieben ist. Andererseits mahnt Johann Casimir in diesem Erinnerungsmal aber auch zu Frieden und Ausgleich, wenn er den geschlagenen Herzog in tiefer Demut kniend im Kreise seiner Familie darstellen lässt.

Grabmonument für Herzog Johann Friedrich II. *in der Stadtkirche St. Moriz, 1598.*

Die fürstenstaatliche Entwicklung Thüringens im 17. Jahrhundert kann als Sonderweg bezeichnet werden. Dieser zeigte sich zuerst in den Veränderungen, die sich in der Sozialstruktur der Städte seit dem Ende des 16. Jahrhunderts vollzogen. Längerfristig führten diese zu einer Neuformierung der sozialen Hierarchien. An die Stelle der Ratsbürger war schon früh der Hofstaat getreten, zu dem vor allem in der ersten Hälfte des 17. Jahrhunderts überdurchschnittlich viele Bürgerliche Zugang hatten.
Dabei waren diese sozialen Umschichtungen eng verknüpft mit dem Ausbau der zumeist kleinen Residenzstädte zu Verwaltungszentren der neuen Territorialstaaten, in denen immer mehr gut ausgebildete Beamte benötigt wurden. Für die ernestinischen Herzogtümer konnte nachgewiesen werden, dass

der Anteil Bürgerlicher in den höheren Verwaltungsämtern schon am Ausgang des 16. Jahrhunderts größer war als in anderen vergleichbaren Territorialstaaten, sich bei den Mitgliedern des Geheimen Rates sogar Uradel und Bürgerliche die Waage hielten.
In das Umfeld der politischen Schwierigkeiten gesetzt, denen sich die Ernestiner auch noch Jahrzehnte nach der Gefangennahme Johann Friedrichs II. gegenübergestellt sahen, hätte sie – wie dies bei vielen Adeligen geschah – die fortlaufende Statuserhöhung und der soziale Aufstieg der bürgerlichen Intelligenz in eine tiefe Legitimationskrise stürzen müssen. Doch deutet vieles darauf hin, dass sie früher und besser als andere in der funktionstüchtigen und standesbewussten Beamtenschaft das Rückgrat des modernen Staatswesens erkannten. Wenigstens seit den Herzögen Johann Ernst d.J. und Johann Casimir setzten sie auf einen veränderten Adelsbegriff, in dem der aus dem Mittelalter überkommenen Vasallentreue und der traditionellen ritterlichen Loyalität nur noch ein Platz am Rande zukam.

Ein solcher in Bewegung geratener Ständebaum hat bereits im 16. Jahrhundert die Autoren der Traktatliteratur herausgefordert. Dass die protestantischen Theologen dabei voran gingen, erklärt sich aus der sozialen Grundorientierung der Reformation. Luthers stolzer Satz, wonach „ein Christenmensch ... ein freier Herr über alle Dinge und niemand untertan" sei, wurde gerade im Zeitalter der Gegenreformation nicht nur theologisch gelesen. Cyriakus Spangenberg, der aus der Reichsstadt Nordhausen kommende und noch von Melanchthon gebildete Kirchenmann, hatte im mansfeldischen Fürstendienst genug Möglichkeiten gehabt, die lutherische Soziallehre auf ihre Anwendung hin zu prüfen. Sein 1591/94 in Schmalkalden herausgegebenes zweibändiges Kompendium „Adels-Spiegel" kann als eine Bilanz und Summe des Diskussionsstandes zu diesem Thema in Deutschland gelten. Der Autor geht zwar von den Adeligen als den Vertretern einer „göttlichen Ordnung" aus, leitet daraus aber das Recht der Fürsten ab, Nichtadelige aufgrund von Verdiensten in den erblichen Adelsstand zu erheben. Auch Uradel, schlussfolgert der Nordhäuser Theologe historisch korrekt, sei einmal Verdienstadel gewesen und stamme von einem gemeinen Manne ab. Spangenbergs Auffassung zufolge machen allein „Kunst und Geschickligkeit" den Menschen „edel". In der auf den Fruchtbringer und Landadligen Friedrich von Kospoth 1632 in Jena gehaltenen Leichpredigt wird herausgehoben, dass der verstorbene „Herr" von Geburt zwar „adelig", in gleicher Gestalt aber auch „christlich und gelehrt" war und seine „Zucht und Erziehung" dahingehend erfolgte, dass er „nicht zum Müßiggang / nicht zur Hoffart / nicht zu weltlicher Üppigkeit / und noch viel weniger zu der leidigen Saufkunst gewehnet worden". Und über Caspar von Teutleben heißt es, dass er weder „im Katzbalgen" noch in „Schlägereien /

Herzog Ernst der Fromme, *Kupferstich von Johann Jacob von Sandrart, um 1690.*

darinnen von vielen die ritterliche adelige Tugend gesetzt", sich hervorgetan habe, vielmehr sei er „von Herzen solchen Stücken und Tücken Freund gewesen / aus welchen nichts anders als große Sünden und unwiderbringlicher Schade zu erfolgen pflegt".

Seit den Schwarzburger Grafen Günther XLI. und Albrecht VII. in der Mitte des 16. Jahrhunderts hatten fast alle thüringischen Prinzen eine akademische Ausbildung erhalten. Meist hatten sie in Jena studiert, einige aber auch in Leipzig oder in Straßburg. Wieder andere bereicherten ihre Weltkenntnis durch ausgedehnte Kavalierstouren, die sie auch an die berühmten Universitäten Oberitaliens führten. Bei allen hatte die Bildung einen hohen Stellenwert. 1621 ließ Johann Ernst d.J. von Sachsen-Weimar eine Kupfermünze prägen, deren Revers seinen Wahlspruch zeigte: „Das Lesen, Rechnen, Schreiben macht / Dass mancher wird gar hoch geacht."

Wie Luther hatte auch Cyriakus Spangenberg (und mit ihm die meisten Fürsten in Thüringen) auf die mehr klassifizierende als analysierende aristotelische Staatslehre gesetzt, sie jedoch an die protestantische Kirchenlehre gebunden. Dabei wurden sie jedoch schon frühzeitig durch die anhaltenden Schulstreitigkeiten innerhalb der Orthodoxie wie auch durch notwendige Abgrenzung von der katholischen Theologie zur Anerkennung einer auf die Lebenspraxis ausgerichteten Philosophie gezwungen. Unter der Ägide des Philosophen Wolfgang Heider erhielten die Disziplinen Ethik und Politik an der Universität Jena schon zu Beginn des 17. Jahrhunderts ihren festen Platz. Wie für andere Staatspraktiker der Zeit gewann auch für Heider die ganz auf die Lebenspraxis orientierte stoische Philosophie immer mehr an Bedeutung. Die von dem Römer Seneca erhobenen stoischen Forderungen nach Pflichterfüllung und tiefer innerer Sittlichkeit entsprachen ganz den Ansprüchen der sich etablierenden ernestinischen Kleinstaaten nach religiöser und politischer Konformität.
Als der junge Johann Gerhard 1606 seine unter dem unmittelbaren Leseeindruck von Johann Arndts „Wahrem Christentum" niedergeschriebenen „Meditationes sacrae" veröffentlichte, verdächtigte ihn ein Teil der etablierten Theologen als „einen Schwärmer, Weigelianer und Rosenkreuzer". Wenn diese Zuordnung des später zu hohem Ansehen gelangten protestantischen Theologen auch nur wenig begründet erscheint, wird in dem Vorwurf aber doch das bestehende Spannungsverhältnis zwischen Schultheologie und aufbrechender (nach sozialen Veränderungen rufender) „Zweiter Reformation" deutlich. An der Universität konnte sich Gerhard – zumindest vorerst – nicht etablieren, wohl aber im Fürstendienst.

Einer der geistig profiliertesten Ernestiner überhaupt und einer der bedeutendsten europäischen Fürsten des 17. Jahrhunderts war Herzog Ernst der Fromme, dem 1640 nach dem Aussterben der Coburger und Eisenacher Linie und der daraufhin vorgenommenen Teilung der Weimarer Lande das neugebildete Herzogtum Gotha zugefallen war. Unter seiner Regierung entwickelte sich das junge Gothaer Herzogtum zu einem patriarchalisch geprägten Wohlfahrts- und Sicherheitsstaat, der aufgrund seines mustergültigen Schulsystems und seiner beachtlichen Wissenschaftsförderung Bewunderer in ganz Europa fand. – 1656 stellte Oliver Cromwell, der Republikaner und bedeutende englische Staatsmann, der sich ausführlich über die Vorgänge in Gotha unterrichten ließ, Herzog Ernst, und damit den Regenten eines deutschen Kleinstaates, in eine Reihe mit dem brandenburgischen Großen Kurfürsten (Friedrich Wilhelm) und dem Schwedenkönig Karl X. Er nannte sie die drei klugen Fürsten Europas.

Wenn schon die Zeitgenossen dem Herzog den Beinamen „der Fromme" gaben, dachten sie dabei nicht nur an die Gottergebenheit Ernsts (wenn sie dies meinten, nannten sie ihn eher etwas abschätzig „Bet-Ernst"), sondern auch an Mut und Rechtschaffenheit, denn wie in der Sprache Luthers hatte das Wort fromm auch noch im 17. Jahrhundert diese Doppelbedeutung.

Schloss Friedenstein

Am 23. Oktober 1643, als die Diplomaten in Münster und Osnabrück gerade begannen, den Frieden auszuhandeln, ließ Ernst den Grundstein legen, drei Jahre später bezog er die ersten Räume, 1654 kann der größte Schlossbau Deutschlands unmittelbar nach dem 30-jährigen Krieg als vollendet gelten. Noch heute bestimmt das auf den Trümmern der 1567 geschleiften Burg Grimmenstein errichtete Schloss mit seiner architektonischen Wucht die Silhouette Gothas. Hoffnungsvoll ließ der Bauherr mitten im Kriege in einem über dem Hauptportal angebrachten steinernen Spruchband sein Programm verkünden: „Als fünfzehn hundert Jahr man zählet sechzig sieben / Ward Grimmenstein zerstört / zersprenget und zerrieben / Da viermal neunzehn Jahr verflossen / ward darauf Erbaut der Friedenstein / in vollem Kriegeslauf. Hierbei erinnert auch / dass wegen eurer Sünden mit Gott ihr Friede macht / so wird sich Friede finden / Und die ihr nach uns kommt / was bös begangen flieht / Damit des Untergangs ihr Euch hierdurch entzieht." – Gebaut wurde eine ungewöhnlich weiträumige, ein Karree von 145 x 115 Meter umfassende dreiflüglige Anlage mit einem viergeschossigen, der Stadt zugewandten Corps de logis, die sich daran anschließenden dreigeschossigen Seitenflügel werden von zwei viergeschossigen, massigen pavillonartigen Türmen begrenzt. Ernst hatte das Schloss von vornherein auf praktische Nutzung ausgerichtet: Repräsentative Fest- und Wohnräume, eine große Kirche, angemessene Räumlichkeiten für die Landeskollegien und für die Verwaltung, die Bibliothek und die Kunstkammer sowie das Zeughaus, der Marstall und die 1650 eröffnete Münzstätte sollten unter einem Dach vereinigt werden und das Staatsganze in einer geschlossenen Form sichtbar werden lassen.

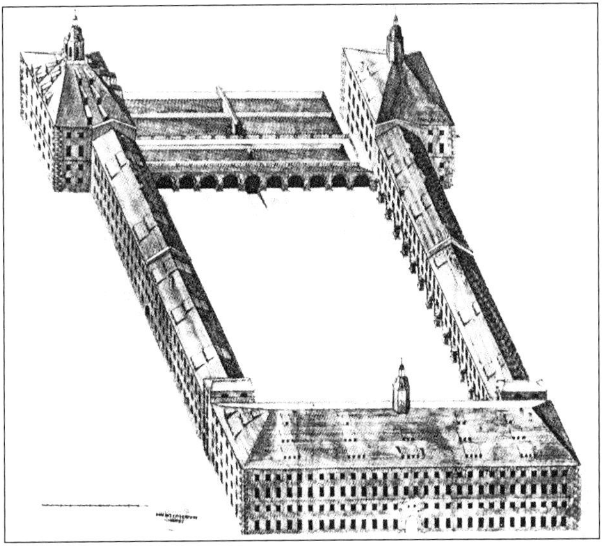

***Prospekt des Friedensteins**, Federzeichnung von Andreas Rudolphi, nach 1654.*

Ernsts ältere Brüder waren die Weimarer Herzöge Johann Ernst d.J. und Wilhelm IV., der später Oberhaupt der Fruchtbringenden Gesellschaft wurde. Auch der berühmte Heerführer des 30-jährigen Krieges Bernhard von Weimar, für den sich später die Dichter Johann Wolfgang von Goethe und Jakob Michael Reinhold Lenz interessierten, war ein Bruder des Gothaer Herzogs. Als der Schwedenkönig Gustav Adolf am 6. November 1632 in der Schlacht bei Lützen fiel, übernahm Bernhard das Kommando und führte die Protestanten zum Sieg. Ernst hielt mit seinen Reitern das von Halle her heranstürmende Korps Pappenheims in offener Feldschlacht auf, dabei soll er den General sogar selbst vom Pferde geworfen haben. Doch das Kämpfen war Ernsts Sache nicht. Als Bernhard für den erfochtenen Sieg bei Lützen von den Schweden die eroberten Bistümer Würzburg und Bamberg als neugegründetes Herzogtum Franken zum Geschenk erhielt, bestellte er seinen Bruder zum Verwalter der geschundenen Lande, während er selbst wieder in den Kampf zog. Mit welchem Geschick Ernst die Verwaltung des Landes betrieben hatte, verdeutlicht das Zeugnis, das der nach dem Prager Frieden 1635 wiedereingesetzte Fürstbischof Franz von Hatzfeld dem Protestanten ausstellte: danach habe Ernst „in der kurzen Zeit besser hausgehalten, als er, wenn er zugegen gewesen wäre".

***Bernhard von Weimar**, zeitgen. Kupferstich.*

Die Herzöge von Sachsen-Gotha

Ernst I., der Fromme	1640-1674/75
Friedrich I.	1674/75-1691
Friedrich II.	1691-1732
Friedrich III.	1732-1772
Ernst II.	1772-1804
August	1804-1822
Friedrich IV.	1822-1825

Hohes Ansehen genoss Ernst als Schulreformer. Darin war er der direkte Erbe Ratkes. Der von ihm in Auftrag gegebene und von Andreas Reyher verfasste Gothaer „Schulmethodus" kann als das erste moderne Schulpflichtgesetz angesehen werden, gewissermaßen als die „Gründungsurkunde der deutschen Volksschule" (W. Flitner). Im zweiten Kapitel heißt es dazu programmatisch: „Die Kinder sollen jedes Orts alle / keines ausgenommen / Knaben und Mägdlein das ganze Jahr stets nach einander in die Schule gehen / ohne allein in der Ernte / da man ihnen vier Wochen / dessgleichen auf die Kirchmessen etliche Tage soll feier geben." 1704 kann der Biograf Herzog Ernsts voller Stolz mitteilen, dass Fremde berichteten, in den Gothaer Landen „seien die Bauern gescheiter als die Landedelleute in anderen Gegenden Deutschlands". Mag diese Feststellung gewiss übertrieben sein, ein Bild von der Leistungsfähigkeit der Gothaer Schulen wird darin aber allemal gezeichnet. Die Pädagogen der Aufklärung, unter ihnen August Hermann Francke, der Schüler Reyhers und Gründer der Stiftungen in Halle, und Christian Gotthilf Salzmann, der drei Menschenalter später in Schnepfenthal eine eigene Schule gründete, haben das in Gotha erarbeitete Schulprogramm in die Welt getragen und mit ihm der deutschen Volksschule für zwei Jahrhunderte einen unverwechselbaren Stempel aufgedrückt. Diese Entwicklung setzt sich über Johann Gottfried Herder und Johann Daniel Falk fort bis hin zu Friedrich Fröbel und seinem Kindergarten im 19. Jahrhundert sowie zu den in Thüringen tätigen Reformpädagogen im frühen 20. Jahrhundert.

Blick von zwei Seiten auf Schloss Friedenstein. *Auf beiden Bildern ist der Schlossturm zu sehen, in dem Friedrich I. das heute noch vorhandene Theater einrichten ließ.*

Literarischen Niederschlag fand Ernsts Politik in Veit Ludwig von Seckendorffs „Teutsche(m) Fürstenstaat“ (1656), einem bis weit ins 18. Jahrhundert hinein wirksamen Werk. Das darin entworfene Idealbild eines Fürsten trägt sichtlich die Züge Ernsts. Und wie dieser war auch Seckendorff ein Freund der Wissenschaften und trachtete danach, sie auf die Erfordernisse des menschlichen Zusammenlebens auszurichten. Wie die großen niederländischen Staatsrechtslehrer Justus Lipsius und Hugo Grotius war auch der Gothaer Beamte darauf aus, politische Krisen frühzeitig sichtbar zu machen und mit Hilfe der politischen Wissenschaften überwinden zu helfen; letztendlich hing er der vagen Hoffnung an, die Zukunft kalkulierbar gestalten zu können. Dabei setzte er wie sein Herzog auf einen patriarchalischen Wohlfahrts- und Sicherheitsstaat. Im Unterschied zu seinen niederländischen Vorbildern begründete Seckendorff unter dem Einfluss Ernsts die Staatsgewalt rein theologisch, wonach der Regent keiner säkularisierten Ethik unterworfen ist, sondern (ganz im Sinne einer „Zweiten Reformation“) als „Gottes Amtmann“ praktisches Christentum zu verwirklichen habe.

Die Söhne
Herzog Ernsts des Frommen
Friedrich I., Herzog von Sachsen-Gotha-Altenburg
Albrecht, Herzog von Sachsen-Coburg
Bernhard, Herzog von Sachsen-Meiningen
Heinrich, Herzog von Sachsen-Römhild
Christian, Herzog von Sachsen-Eisenberg
Ernst, Herzog von Sachsen-Hildburghausen
Johann Ernst, Herzog von Sachsen-Saalfeld

Ernsts ältester Sohn Friedrich I. regierte nach dem Tod seines Vaters das angestammte Gothaer Land und das 1672 angefallene Herzogtum Sachsen-Altenburg. Er gründete 1683 das heute noch bestehende Schlosstheater und verfasste umfängliche „Tagebücher", die zu den wichtigsten Selbstzeugnissen der Epoche gehören. In dem nordwestlich von Gotha gelegenen Dorf Erffa, das nach ihm in Friedrichswerth umbenannt wurde, ließ er sich ein prächtiges, von einem weiten Garten umgebenes barockes Landschloss errichten.
Die anderen Söhne bekamen zunächst eigene Hofhaltungen, in der Teilung von 1680 dann die Landeshoheit. Die Einrichtung von sechs neuen Herzogtümern veränderte die politische Landkarte Thüringens nachhaltig, auch weil dreien von ihnen, das Meininger, das Hildburghäuser und das Saalfelder Herzogtum, eine Existenz bis zum Ende der Fürstenherrschaft, also bis ins 20. Jahrhundert hinein, beschieden war.
Der musisch hoch begabte Herzog Albrecht von Coburg war mit einer Tochter des Wolfenbüttler Herzogs August, dem Gründer der berühmten Bibliothek, verheiratet. Deren Bruder war der Romanschriftsteller Herzog Anton Ulrich von Braunschweig-Wolfenbüttel. Und Bernhards Gemahlin war eine Tochter Anton Ulrichs, die die Neigungen des Herzogs zu Musik und Literatur stark beförderte. Unter ihrem Sohn Ernst Ludwig I. wurde Meiningen ein Zentrum der Musikpflege in Thüringen.

Schloss Friedrichswerth *heute.*

Das Residenzschloss von Meiningen
Die frühbarocke dreiflüglige Anlage entstand zwischen 1682 und 1692, der das Schloss nach der Stadt hin abschließende Rundbau nach 1697. Den Namen Elisabethenburg erhielt es nach Bernhards braunschweigischer Gemahlin.

Die Herzöge von Sachsen-Meiningen I

Bernhard	1680-1706
Ernst Ludwig I.	1706-1724
Ernst Ludwig II.	1724-1729
Carl Friedrich	1733-1743
Anton Ulrich	1743-1763
Karl August	1775-1783
Georg I.	1783-1803

***Schloss Elisabethenburg**, Corps de Logis von Osten.*

Der Wasunger Krieg

Dabei handelt es sich um einen dynastischen Kleinkrieg zwischen Sachsen-Meiningen und Sachsen-Gotha-Altenburg. Der Meininger Herzog Anton Ulrich hatte Ende 1746 einen Wechsel im Rang seiner Hofdamen verfügt. An der Stelle der Frau des Landjägermeisters von Gleichen sollte die Frau des Regierungsrates von Pfaffenrath den ersten Platz an der Hoftafel einnehmen. Der Herzog begründete dies mit ihrem Herkommen aus dem Hochadel. Das ließ sich die Gleichin jedoch nicht gefallen und verunglimpfte die Erhöhte öffentlich. Als die Gleichin jede Entschuldigung ablehnte, nahm sie Anton Ulrich in Gewahrsam, wogegen sie beim Reichskammergericht in Wetzlar klagte und Recht bekam. Da sich der Meininger Herzog weigerte, das Urteil anzuerkennen, beauftragte das Gericht den Gothaer Herzog, für Recht zu sorgen. Friedrich III. ließ am 13. Februar 1747 knapp 300 Mann in das benachbarte Herzogtum einrücken und die Stadt Wasungen besetzen, wobei ein meiningischer Leutnant ums Leben kam. Da der Herzog nicht im Lande weilte, ließ die Meininger Regierung die Gleichin frei und schaffte damit den Anlass für den Krieg aus der Welt. Am Ende musste auch der Herzog klein beigeben und anerkennen, dass das Reichskammergericht durchaus in der Lage war, gegen fürstliche Willkür aufzutreten und individuelle Rechte gegen Ansprüche des Staates durchzusetzen.

Auch Heinrich und Christian hatten hohe kulturelle Ansprüche, ihre finanziellen Möglichkeiten waren jedoch stark begrenzt. Als seine Gemahlin starb, verausgabte Christian sich und ließ ihr zu Ehren eine prächtige Schlosskapelle in Eisenberg errichten. Ernst hatte militärische Ambitionen und war vor Wien 1683 wie in den anderen Türkenkriegen eingesetzt. Sein Sohn Joseph brachte es sogar zum kaiserlichen Feldmarschall und nahm an der Seite des legendären Prinzen Eugen an zahlreichen Türkenkriegen teil. Am 5. November 1757 befehligte er in der Schlacht bei Roßbach die Reichsarmee, verlor aber gegen Friedrich den Großen. Als Herzog Ernst Friedrich III. sein kleines Land ruiniert hatte, wurde Joseph als Leiter der kaiserlichen Debitkommission in die Residenz an der Werra geschickt. Es gelang dem nunmehrigen angesehenen hohen Wiener Beamten tatsächlich, die Hildburghäuser Finanzen wieder in Ordnung zu bringen. Johann Ernst ließ an der Stelle eines abgebrochenen Klosters in Saalfeld ein repräsentatives Schloss erbauen, zu dem ebenfalls eine ansehnliche Kapelle gehört. Der sparsame Herzog hat den Bergbau befördert und eine bedeutende Münzstätte begründet. Da dem Herzogtum Saalfeld schon 1699 Coburg zufiel, wurde die Residenz später dorthin verlegt. Mithin ist Johann Ernst der Stammvater des weitverzweigten und mit fast allen europäischen Fürstenhäusern verwandten Hauses Sachsen-Coburg.

Die Herzöge von Sachsen-Hildburghausen

Ernst	1680-1715
Ernst Friedrich I.	1715-1724
Ernst Friedrich II.	1724-1745
Ernst Friedrich III.	1748-1780
Friedrich	1787-1826(-1834)

Die Herzöge von Sachsen-Saalfeld bzw. Sachsen-Coburg und Saalfeld

Johann Ernst	1680-1729
Christian Ernst	1729-1745
Franz Josias	1745-1764
Ernst Friedrich	1764-1800
Franz Friedrich Anton	1800-1806
Ernst I.	1806-1826 (-1844)

Der bedeutendste Weimarer Herzog der Barockzeit ist Wilhelm IV., der 1651 Oberhaupt der Fruchtbringenden Gesellschaft wurde. Mit Georg Neumark, dem Bibliothekar und berühmten Poeten, stand ihm ein bedeutender Gelehrter und Schriftsteller zur Verfügung, der die umfangreiche Korrespondenz der Sprachgesellschaft führte. Abgesehen von dieser zwölf Jahre währenden Episode, in der die Fäden der deutschen Spracharbeit und Dichtkunst in Weimar zusammenliefen, hatte der Weimarer Fürstenhof seine kulturell führende Rolle in Thüringen bereits an Sachsen-Gotha abgegeben. Der junge Johann Sebastian Bach genoss zwar unter Wilhelms Enkel Wilhelm Ernst eine gewisse Förderung, halten wollte man ihn in Weimar aber nicht. So wechselte der mit seinem Herzog in Konflikt gekommene geniale Musiker ins anhaltinische Köthen.

Wilhelm IV. ließ das Weimarer Schloss zu einer barocken Dreiflügelanlage umbauen. Wenn auch diese Wilhelmsburg nie vollendet wurde, war sie doch das Vorbild für andere Schlossbauten in Thüringen, so für die von Weißenfels, Saalfeld, Eisenberg und Zeitz. 1774 brannte sie ab. Erst 1789 begann der Neuaufbau im klassizistischen Stil.

Herzog Wilhelm IV. von Sachsen-Weimar, Ölbild.

Das Weimarer Residenzschloss *nach 1730, Blick von Süden in die offene Anlage, Aquarell von einem unbek. Künstler.*

Die Herzogtümer Sachsen-Eisenach und Sachsen-Jena
Wilhelms Söhne Johann Georg und Bernhard wurden die Stifter zweier weimarischer Nebenlinien. Der Eisenacher Herzog beschäftigte den Dichter Kaspar Stieler als Kammer-, Lehns- und Gerichtssekretär. Unter Johann Georgs Sohn Johann Wilhelm, der von 1698 bis 1729 regierte, erlebte die Eisenacher Residenz eine Kulturblüte, zu der vor allem die Hofkapelle, zu der Georg Philipp Telemann gehörte, beitrug. Als Schloss diente der im 16. Jahrhundert umgebaute mittelalterliche Steinhof. Das heute noch vorhandene Stadtschloss am Markt wurde erst ab 1742 errichtet, da war aber das Herzogtum schon an die Weimarer Hauptlinie zurückgefallen.
Die Residenzperiode Jenas war noch kürzer. Bernhard starb schon 1678, der Erbprinz 1690. Dennoch hat die Herzogszeit in der Universitätsstadt Spuren hinterlassen. Bernhard und seine Prunk liebende französische Gemahlin holten die Weimarer Hofkapelle nach Jena und privilegierten die erste thüringische Zeitung. Das von Bernhard errichtete Schloss wurde allerdings 1905 abgebrochen, um dem neuen Universitätsgebäude Platz zu machen.

Blick in die Jenaer Fürstengruft *der Stadtkirche St. Michael.*

Die Schwarzburger im 17. und in der ersten Hälfte des 18. Jahrhunderts

Von den Sondershäuser Grafen und Fürsten sei vor allem Christian Wilhelm genannt, der das Renaissance-Schloss seiner Residenz barock umbauen ließ und Sondershausen zum kulturellen Mittelpunkt Nordthüringens machte.

Graf Christian Wilhelm *von Schwarzburg-Sondershausen, Ölbild, um 1670.*

Die Grafen und Fürsten von Schwarzburg-Sondershausen I

Johann Günther I.	(1552-)	1571-1586
Günther XLII.		1586-1593
Anton Heinrich		1593-1638
Christian Günther I.		1638-1642
Christian Günther II.		1642-1651
Anton Günther I.		1651-1666
Christian Wilhelm I.		1666-1729
Günther I.		1729-1740
Heinrich I.		1740-1758
Christian Günther III.		1758-1794

Auch das Residenzschloss seines Bruders Anton Günther in Arnstadt erfuhr eine tiefgreifende Umgestaltung. Zudem war dieser Fürst ein bewusster Sammler von Kunstgegenständen und Antiquitäten sowie ein Förderer der Musik. Zu seinem Organisten berief er den damals erst 17-jährigen Johann Sebastian Bach. Arnstadt entwickelte sich unter seiner Regierung zu einem wichtigen kulturellen Zentrum.
Seine Gemahlin Auguste Dorothea überlebte ihn um 35 Jahre. Auf der heute nicht mehr existierenden Augustenburg bei Arnstadt schuf sie in ihrer langen Witwenzeit mit ihren Hofdamen das berühmte Puppenkabinett „Mon plaisir". Heute wird es im Arnstädter Neuen Palais gezeigt.

***Graf Anton Günther** von Schwarzburg-Sondershausen, Ölbild, um 1670.*

Der erhaltene Turm von Schloss Neideck in Arnstadt.

Die Residenz der Rudolstädter Linie hatte im 17. Jahrhundert den Charakter einer Ackerbürgerstadt und beherbergte kaum mehr als 1000 Einwohner. Graf Carl Günther, der älteste Sohn Albrechts VII., hatte sich zwar bemüht, dem abzuhelfen, doch verhinderte dies der 30-jährige Krieg.
Seine Witwe, Gräfin Anna Sophia, war eine der gebildetsten Frauen ihrer Zeit. Die Schwester von Fürst Ludwig I. von Anhalt-Köthen, dem Mitbegründer der Fruchtbringenden Gesellschaft, verlegte nach dem Tod des Grafen ihre Residenz nach Kranichfeld, wo sie die nur Frauen zugängliche Tugendliche Gesellschaft gründete und dem heimatlos gewordenen Pädagogen Wolfgang Ratke Asyl gewährte. Carl Günthers Nachfolger wurde dessen Bruder, der schon seit 1605 mitregierte. Ludwig Günther I., der als „schwarzburgischer Salomo" gepriesen wurde, reformierte das Schulwesen, gründete eine wissenschaftliche Bibliothek und eine Hofkapelle.

***Gräfin Anna Sophia von Schwarzburg-Rudolstadt**, Ölbild, Mitte des 17. Jh.s.*

Als Ludwig Günther 1646 starb, übernahm seine Witwe Emilia Antonia die Regentschaft. Sie ließ ihre Kinder in den Formen der von der Tugendlichen Gesellschaft geprägten Religiosität erziehen. Dazu bestellte sie den später als kulturkritischen Schriftsteller zu Ruhm gekommenen Ahasverus Fritsch zum Hofmeister. Dieser konnte dann unter der Regierung ihres Sohnes, des Grafen Albert Anton, bis zum Kanzler aufsteigen.
Mit Albert Anton begann in Rudolstadt eine bemerkenswerte weltliche Kunstpflege, an der auch der nach Rudolstadt berufene Poet Kaspar Stieler Anteil hatte. Als aber 1672 Albert Antons poetisch hochbegabte Schwester Ludaemila Elisabeth plötzlich starb, trat ein Wandel hin zum Religiösen ein. Neben dem gräflichen Paar beförderte diese Entwicklung vor allem Fritsch. Im Sinne der Erbauungsschriften von Johann Arndt strebte man am Rudolstädter Hof nach einem „wahren Christentum", in dem die Untertanen ganz im Sinne einer „praxis pietatis" ein persönliches Verhältnis zu Gott finden sollten. Die Gräfin Ämilie Juliane und ihr Kanzler Fritsch verfassten dazu die entsprechenden sehnsuchts- und hoffnungsorientierten Kirchenlieder. Gemeinsam entwickelten sie 1676 sogar den Plan zur Gründung einer außerhalb der institutionalisierten Kirche stehenden Fruchtbringenden Jesus-Gesellschaft, die die Keimzelle einer allgemeinchristlichen Erneuerungsbewegung werden sollte. Wie kaum an einem anderen Hof in Thüringen sympathisierte man in Rudolstadt mit dem Pietismus.

Die Grafen und Fürsten von Schwarzburg-Rudolstadt I

Albrecht VII.		1571-1605
Carl Günther		1605-1630
Ludwig Günther	(1605-)	1630-1646
Emilia Antonia	vormundschaftl.	1646-1667
Albert Anton		1667-1710
Ludwig Friedrich I.		1710-1718
Friedrich Anton		1718-1744
Johann Friedrich		1744-1767

***Älteste Ansicht des Rudolstädter Renaissance-Schlosses**, des Gymnasiums und der Stadtkirche, Kupferstich von Hans Häublein, 1669.*

1697 wurden beide Linien des Schwarzburger Grafengeschlechtes von Kaiser Leopold I. in den Reichsfürstenstand erhoben. Im Gegensatz zu Christian Wilhelm von Schwarzburg-Sondershausen nahm Albert Anton diese Standeserhöhung nicht an. Ausschlaggebend war dafür seine pietistische, auf Bescheidenheit und Sparsamkeit ausgerichtete Orientierung. Auch wollte er einen Streit mit den Ernestinern vermeiden, wusste er doch, dass diese sich dagegen ausgesprochen hatten. 1710, kurz vor Albert Antons Tod, wurde die Erhebung in den Reichsfürstenstand erneut ausgesprochen. Dieser nahm die Würde jetzt zwar an, überließ die Verkündigung aber seinem Sohn Ludwig Friedrich I. Der tat dies aber erst nach dem Tode seines Vaters 1711.
Die Standeserhöhung der Schwarzburger festigte ihre Selbstständigkeit gegenüber den Wettinern und sicherte ihren Fortbestand über die napoleonische Zeit hinaus. Der zwischen 1697 und 1719 südlich an das Schloss Schwarzburg angebaute Kaisersaal zeugt heute noch von der Bedeutung, dem die Schwarzburger diesem Ereignis beimaßen. Von nun an orientierte sich auch die schwarzburgische Hofkultur an der allgemeinen barocken Prachtentfaltung im Reich. Sowohl in

Sondershausen als auch in Rudolstadt bauten die Fürsten nun ihre Renaissance-Schlösser zu Barockresidenzen aus.

Das Residenzschloss in Rudolstadt

Nachdem Teile des Renaissance-Schlosses 1735 einem Brand zum Opfer gefallen waren, begann man auch in Rudolstadt mit einem großzügigen Neubau. Die Fürsten Ludwig Friedrich I. und Johann Friedrich ließen die Heidecksburg zwischen 1737 und 1755 zu einer der schönsten barocken Schlossanlagen Thüringens umgestalten.

Fürst Johann Friedrich von Schwarzburg-Rudolstadt.

Die barocke Schlossfassade *des Westflügels von Schloss Heidecksburg, Bergseite.*

Die Reußen im 17. und in der ersten Hälfte des 18. Jahrhunderts

Von allen thüringischen Fürstenhäusern wiesen die Reußen, die erst 1663 reichsgräflich wurden, die größte Zersplitterung auf. Greiz (zeitweilig in Ober- und Untergreiz geteilt), Burgk, Dölau und Rothenthal waren die Residenzorte der 1768 unter Heinrich XI. von Reuß-Obergreiz durch Zusammenlegung entstandenen Älteren Linie.

Das reußische Wappen *am Schloss Burgk.*

Unter den reußischen Herren, Grafen und Fürsten des 17. und 18. Jahrhunderts ragt Heinrich d.J. Posthumus, der Mitbegründer der jüngeren Linie, heraus. Der Landesherr des

REUSSISCHES GESAMTHAUS

Gebildet durch die Rückgabe des Stammhauses Greiz nach 1560 und Überlassung der Herrschaft Gera 1562 (ohne Berücksichtigung der von 1451 / 53 bis 1615 reußischen Herrschaft Oberkranichfeld)

Teilung 1564

ÄLTERE LINIE
HERRSCHAFT
REUSS-UNTERGREIZ
(1564 - 1583)

MITTLERE LINIE
HERRSCHAFT
REUSS-OBERGREIZ I
(1564 - 1616)
Zuwachs 1596 Schleiz. Obergreiz fällt an die ältere, Schleiz an die jüngere Linie.

JÜNGERE LINIE
HERRSCHAFT
REUSS-GERA I
(1564 - 1647)
Zuwachs 1577/97 Lobenstein, 1596 Saalburg, 1616 Schleiz.

Teilung 1583

HERRSCHAFT
REUSS-UNTERGREIZ I
(1583 - 1596)
Zuwachs 1596 Burgk; dafür Untergreizer Anteil an Untergreiz II. abgetreten. Seitdem
HERRSCHAFT REUSS-BURGK I
(1596 - 1616)

HERRSCHAFT
REUSS-UNTERGREIZ II.
(1583 - 1625)
Zuwachs 1616 Obergreiz.

Teilung 1616

HERRSCHAFT
REUSS-BURGK II
(1616 - 1640)
Zuwachs 1636 R.-Dölau.Fällt zu gleichen Teilen an R.-Untergreiz III und R.-Obergreiz.

HERRSCHAFT
REUSS-DÖLAU I
(1616 - 1636)
Fällt an R.-Burgk.

Teilung 1625

HERRSCHAFT
REUSS-UNTERGREIZ III
(1625 - 1668)
Zuwachs 1643 Burgk.

HERRSCHAFT
REUSS-OBERGREIZ II
(1625 - 1694)
Zuwachs 1643 Dölau.
1673 GRAFSCHAFT

Teilung 1668

HERRSCHAFT
REUSS-BURGK III
(1668 - 1697)
1673 GRAFSCHAFT
Fällt an R.-Untergreiz IV und an R.-Rothenthal.

HERRSCHAFT
REUSS-UNTERGREIZ IV
(1668 - 1768)
1673 GRAFSCHAFT
Zuwachs 1697 Teile von R.-Burgk, 1698 R.-Rothenthal.
Fällt an R.-Obergreiz.

HERRSCHAFT
REUSS-ROTHENTHAL
(1668 - 1698)
Fällt an R.-Untergreiz IV.

Teilung 1694

GRAFSCHAFT
REUSS-OBERGREIZ III
(1694 - 1918)
Zuwachs 1698 R.-Dölau, 1768 R.-Untergreiz IV.
1778 FÜRSTENTUM REUSS Ä.L.,
seit 1902 unter Regentschaft von F. Reuß j.L.; 1918 Abdankung des Fürsten.

Übersicht zu den reußischen Ländern

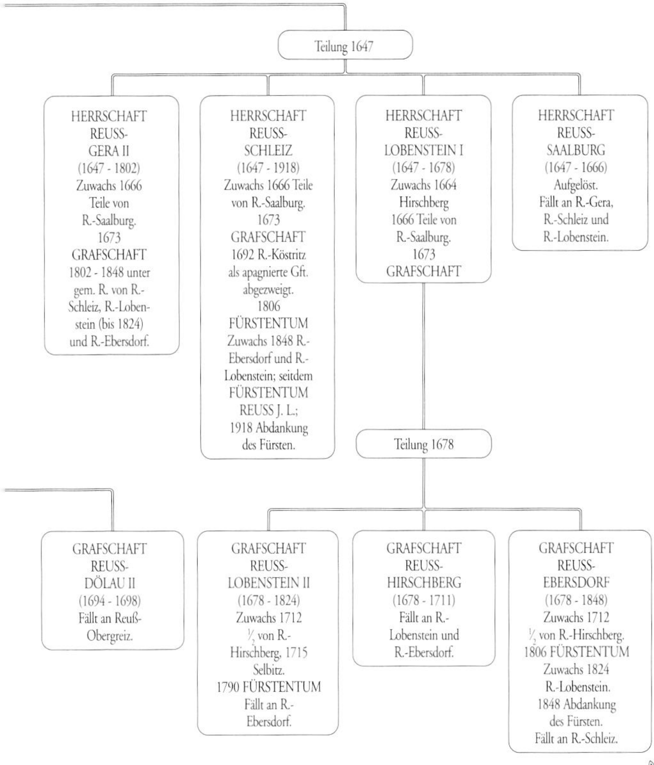

Komponisten Heinrich Schütz leistete im Schulwesen und in der Wirtschaftsförderung Hervorragendes. Gegen den Willen seiner Theologen siedelte er in seiner Residenzstadt Gera calvinistische Glaubensflüchtlinge aus Flandern an. Sie brachten neue Techniken der Wollzeugfabrikation mit und sicherten dem kleinen Land auf lange Sicht eine wirtschaftliche Blüte. Posthumus' späterer Biograf schreibt dazu: „Der streng lutherische Fürst bewies dadurch, dass mit bewusst lutherischer Gesinnung nicht Engherzigkeit und Unduldsamkeit verbunden zu sein brauche und dass die Abwehr des Calvinismus nicht zur Schädigung des Landes zu führen brauche." Unter Posthumus' Regentschaft entwickelte sich Gera zum kulturellen Zentrum aller reußischen Territorien. Er selbst soll ein sehr lebensfroher Mensch gewesen sein und sich beim beliebten Ringstechen und bei Maskenaufzügen hervorgetan haben. Am Kaiserhof und in der Dresdner Residenz der Albertiner war er ein gern gesehener Gast.

***Heinrich d.J., gen. Heinrich Posthumus Reuß**, Ölbild von Johann Dobenecker, 1631.*

Als Heinrich Posthumus 1635 starb, komponierte Heinrich Schütz zum Andenken seines musikliebenden Landesherrn die „Musikalischen Exequien". Er vertonte dabei jene Bibelworte, die der theologisch wohlgebildete Posthumus auf seinen Sarg hatte schreiben lassen. 1995 ist der jahrzehntelang provisorisch in der St.-Salvator-Kirche untergebrachte und dem Verfall preisgegebene wertvolle Sarkophag mit anderen Reußen-Särgen gesichert und in die neue St.-Johannis-Kirche überführt worden.

Das Residenzschloss in Gera

Schloss Osterstein wurde im 16. und 17. Jahrhundert an Stelle einer mittelalterlichen Burg auf einem Bergsporn am Hainberg errichtet. Heinrich XVI., der Begründer der jüngeren Linie Reuß, gestaltete die Burg nach 1564 zum Schloss um. Erweiterungen und Umbauten erfolgten vor allem im 18. und nocheinmal im 19. Jahrhundert. Am 6. April 1945 wurde der Osterstein zerstört.

***Schloss Osterstein**, Holzschnitt, 1670.*

Europäischen Ruhm erlangte Graf Heinrich VI. von Reuß-Obergreiz, als er mit seinen Soldaten als kaiserlicher Generalfeldwachtmeister tapfer an der Seite des frisch berufenen kaiserlichen Oberbefehlshabers Prinz Eugen, genannt „der edle Ritter", gegen die Türken kämpfte und 1697 entscheidend zum legendären Sieg bei Zenta beitrug. Dass zwei Jahre später der säkular wirkende Friede von Karlowitz geschlossen werden konnte, ist in großen Teilen auf diese Entscheidung an der Theiß zurückzuführen.

Durch die Teilung der Herrschaft Reuß-Lobenstein 1678 entstand die Residenz Ebersdorf; das war insofern ein Kuriosum, da es sich nur um ein Dorf handelte. Als Graf Heinrich X. heiraten wollte, ließ er zwischen 1692 und 1694 das vorhandene Gutshaus zu einem bescheidenen Schloss umbauen und einen barocken Garten anlegen. Graf und Gräfin waren fromme Menschen. Erdmuthe Benigna aus dem wetterauischen Haus Solms-Laubach wurde im Sinne des Pietismus erzogen, und auch der Graf fühlte sich dem Hallischen Pietisten-Pädagogen August Hermann Francke freundschaftlich verbunden, später auch dem Grafen Nikolaus Ludwig von Zinzendorf. 1721/22 hielt sich dieser sogar in Ebersdorf auf, das längst zu einem Zentrum des Pietismus in Thüringen geworden war. Auch andere Reußen standen dieser aus der Aufklärung herausgewachsenen Frömmigkeitsbewegung nahe. Unter dem Grafen Heinrich XXIX. wurde in Ebersdorf nach dem Vorbild der von Zinzendorf in der Oberlausitz gegründeten Brüdergemeine Herrnhut eine eigene Gemeine ins Leben gerufen. Die Pietisten setzten sich für einen bescheidenen christlichen Lebensstil ein und für die Erziehung zu einer auf das Individuelle gerichteten Frömmigkeit. Standesunterschiede sollten dabei weitgehend aufgehoben werden. Deshalb traf sich im Festsaal des Schlosses das ganze Dorf zu gemeinsamem Gebet und Gesang. Graf und Knecht sollten sich dort als „Brüder“ begegnen.

Ein anderes Zentrum des reußischen Pietismus war Köstritz, wo Heinrich XXIV. im Paragiat (also nicht als regierender Herr) residierte. Seine mustergültigen Verwaltungsreformen wurden auch von anderen reußischen Herrschaften übernommen, die von ihm 1733 im Zeulenrodaer Zuchthaus eingeführte Arbeitspflicht nach und nach von den meisten deutschen Fürsten. Dass Heinrich die Gefangenen auch ausbilden ließ, trug zur allgemeinen Humanisierung des Strafvollzugs bei. – Wie Ebersdorf war auch Köstritz im 18. Jahrhundert für die Aufklärer in ganz Deutschland das Vorbild für einen frommen und bescheidenen Fürstenhof.

Die Albertiner in Thüringen und ihre Sekundogenituren

Bis zum Ende des Heiligen Römischen Reiches deutscher Nation 1806 regierten die Kurfürsten von Sachsen in weiten Teilen Thüringens. Diese befanden sich vor allem im Norden des Landes, etwa in einem Streifen, der von Langensalza, Tennstedt und Weißensee diesseits und jenseits der Unstrut bis Eckartsberga, Freyburg und Naumburg verläuft. Verwaltungsmäßig bildete dieses große Gebiet den Thüringischen Kreis, zu dem noch die Domkapitel von Merseburg und Naumburg-Zeitz kamen, die sich als ehemalige Reichsstandschaften noch lange eine begrenzte Unabhängigkeit bewahren konnten. Am Südhang des Thüringer Waldes gehörten den Albertinern seit 1583 ein Teil der hennebergischen Lande mit der Residenzstadt Schleusingen und im ostthüringischen Orlagau die Ämter Arnshaugk (Neustadt a.d. Orla), Weida und Ziegenrück.

Die Kurfürsten von Sachsen

Moritz	(1541-)1547-1553
August	1553-1586
Christian I.	1586-1591
Christian II.	1591-1611
Johann Georg I.	1611-1656
Johann Georg II.	1656-1680
Johann Georg III.	1680-1691
Johann Georg IV.	1691-1694
Friedrich August I., gen. August der Starke	1694-1733
Friedrich August II.	1733-1763
Friedrich Christian	1763
Friedrich August III.	1763-1806 (-1827)

Kurfürst Johann Georg I. hinterließ 1656 ein Testament, das zwar für seine drei jüngeren Söhne eigene Hofhaltungen und feste territoriale Ausstattungen vorsah, doch die Erben zugleich ausdrücklich zum Erhalt des sächsischen Gesamtstaates verpflichtete. Der 1657 ausgehandelte „freundbrüderliche Hauptvergleich" schuf drei Sekundogenituren, beließ diese aber „miltärisch und politisch" bei der Hauptlinie. August, seit 1635 Administrator des Erzstiftes Magdeburg, wurde Herzog von Sachsen-Weißenfels, Christian Herzog von Sachsen-Merseburg und Moritz Herzog von Sachsen-Zeitz. Als die drei Nebenlinien 1746, 1738 und 1718 ausstarben, wurden ihre Territorien wieder mit denen der Hauptlinie vereinigt. Vor allem zu den Herzogtümern Sachsen-Weißenfels und Sachsen-Zeitz gehörten thüringische Gebiete, so dass ihre Geschichte eng mit der Thüringens verbunden ist. Als 1640 der letzte Schenk von Tautenburg gestorben war, fiel die Herrschaft an das Kurfürstentum Sachsen und bald darauf an die Sekundogenitur Sachsen-Zeitz.

Das Herzogtum Sachsen-Weißenfels

August hatte noch in Halle residiert. Da die Stadt aber an Brandenburg fallen sollte, ließ er in Weißenfels ein Residenzschloss erbauen und ein Gymnasium gründen. Bezugsfertig wurde die Neu-Augustusburg aber erst in seinem Todesjahr 1680, so dass erst sein Sohn Johann Adolf I. in Weißenfels residieren konnte. Spielte schon das Gymnasium durch seine dort wirkenden Professoren eine außerordentliche Rolle, so wurde der Weißenfelser Hof einer der glanzvollsten Mitteldeutschlands, insbesondere durch Opernaufführungen strahlte er bis Leipzig, Hamburg und Gotha aus. Unter Herzog Johann Georg, der in engem Kontakt zu August dem Starken stand und häufig am Dresdner Hof weilte, fanden in Weißenfels Hoffeste statt, die alles was es bis jetzt an Ähnlichem in Thüringen gab weit in den Schatten stellten. Vor allem der Gothaer Herzog profitierte davon.

Das kursächsische Amt Tautenburg

Nach der Aufhebung des Herzogtums Sachsen-Zeitz 1718 wurde das „Königlich polnische (August der Starke war seit 1697 auch König von Polen) und kurfürstlich sächsische" Amt Tautenburg gegründet. August der Starke übergab es 1730 seinem mit der Gräfin Aurora von Königsmarck gezeugten Sohn Moritz, dem er schon 1711 das Rittergut Schkölen geschenkt hatte. Da Augusts militärisch begabter Sohn in französischen Diensten stand und es darin bis zum Marschall von Frankreich brachte, wird er seine thüringischen Besitztümer kaum aufgesucht haben. Doch war der „Marschall Saxe" hier noch lange populär. Im Zuge der sich nach dem Wiener Kongress ergebenden territorialen Veränderungen fiel das Amt Tautenburg 1815 an das Großherzogtum Sachsen-Weimar-Eisenach. Goethe inspizierte es schon wenige Wochen danach und skizzierte die Schenkengruft in der Kirche von Frauenprießnitz.

Graf Moritz von Sachsen, *Marschall von Frankreich, Ölbild von Maurice Quentin de la Tour, 1765.*

Die Schenkengruft, *Skizze von Goethe, 1815.*

Das Kurerzstift Mainz im 17. und im 18. Jahrhundert

Johann Philipp von Schönborn, Erzbischof und Kurfürst von Mainz, errichtete 1664 über Erfurt, und zwar mit Hilfe französischer Truppen, die volle Landeshoheit und hob die bisher gewährte Selbstverwaltung der Stadt weitgehend auf. Für viele Zeitgenossen war Schönborn der freisinnigste und vorurteilsfreieste Kirchenfürst seiner Zeit, vielleicht seines Jahrhunderts. Für Erfurt wurde er aber der Vernichter der städtischen Freiheit.

Die Geschäfte des Erzstuhls wurden in Erfurt fortan von Statthaltern besorgt. Einige von insgesamt zwölf haben Beachtliches für die Stadt geleistet. Philipp Wilhelm Reichsfürst von Boineburg, ein Freund des Philosophen Gottfried Wilhelm Leibniz, stiftete eine bedeutende Bibliothek und erhob die in ihrer Wirtschaftskraft stagnierende Bürgerstadt zu neuer Bedeutung. In seinen Residentenjahren wurde die schlossähnliche und von den schweren Formen des süddeutschen Barock geprägte Statthalterei erbaut.

Die Kurmainzische Statthalterei *in Erfurt.*

Die Statthalter des Kurerzstifts Mainz in Erfurt	
Philipp Ludwig Freiherr von Reiffenberg	1664-1667
Friedrich von Greiffenklau zu Vollrads	1667-1674
Johann Heinrich Daniel Freiherr von Groenestein	1675
Anselm Freiherr von Ingelheim	1675-1679
Johann Jakob Waldbott von Bassenheim	1679-1697
Gottlieb Philipp Josef Faust von Stromberg	1697-1702
Philipp Wilhelm Reichsgraf von Boineburg	1702-1717
Friedrich Wilhelm von Bicken	1717-1732
Anselm Franz Ernst von Warsberg	1732-1760
Karl Joseph Adolf Freiherr Schenk von Schmidtburg	1760-1766
Karl Wilhelm Joseph Adam Freiherr von Breitbach zu Bürresheim	1766-1770
Karl Theodor Anton Maria von Dalberg	1770-1802

Da die Universität seit der Reformation nicht mehr in Flor stand, dachte schon Boineburg an die Gründung einer Akadamie. „Die „Churfürstlich-Mayntzische Akademie nützlicher Wissenschaften" wurde jedoch erst 1754 von einem seiner Nachfolger ins Leben gerufen. Unter der Leitung von Statthalter Karl Theodor von Dalberg erlebte die einzige Akademie Thüringens eine Blütezeit und zählte bedeutende Männer, unter ihnen Goethe, zu ihren Mitgliedern. Auf die Universität wirkte sich dieser Aufschwung nur sehr zögerlich aus. Die meisten Professoren wollten von der Aufklärung nichts wissen, deshalb versuchten die Statthalter, junge Hochschullehrer für Erfurt zu gewinnen. Der bekannteste war der Schriftsteller Christoph Martin Wieland.
Unter Dalberg wurde auch die Statthalterei Mittelpunkt eines vielfältigen geistigen Lebens. Durch seinen freundschaftlichen Kontakt zu den Großen Weimars verlieh dieser Erfurt den Glanz einer Residenzstadt. Der Schriftsteller Georg Friedrich Rebmann, später leidenschaftlicher Sympathisant der Französischen Revolution, urteilte über ihn: „Der Coadjutor Freiherr von Dalberg gehört zu den Regenten in Deutschland, welche edel genug denken, um es zu verschmähen, über

Sklaven zu herrschen und welche die Liebe und Achtung freier Menschen zu gewinnen wissen."

***Carl Theodor von Dalberg**, zeitgen. Ölbild.*

Ernestiner und Schwarzburger in klassischer Zeit

Die politisch wichtigste und kulturell vielseitigste thüringische Residenzstadt war lange Zeit Gotha. In Louise Dorothee, der Gemahlin Herzog Friedrichs III., und in Herzog Ernst II., dem hervorragenden Förderer der Wissenschaften und des Theaters, waren die Gedanken der Aufklärung fest verwurzelt.

Louise Dorothee hat den größeren Teil ihrer Kindheit und Jugend in Coburg verbracht, wo sie in der Obhut ihrer Stiefmutter Elisabeth Sophie, einer Tochter des Großen Kurfürsten, heranwuchs. Wichtig für ihre Entwicklung zur Herzogin war die junge Hofdame Franziska von Buchwald. Diese kam aus Paris, wo ihre elsässische Mutter Ehrendame der Herzogin von Orléans war, also von Liselotte von der Pfalz, der berühmten Briefeschreiberin, durch die wir so gut über die Versailler Verhältnisse unterrichtet sind. Franziska von Buchwald kam 1724 nach Coburg, 1735 folgte sie ihrer herzoglichen Freundin nach Gotha. Friedrich der Große sprach von der Herzogin als von „einer Frau mit wirklichen Verdiensten, von wahrer Festigkeit des Charakters, die manchen Mann beschämen könnte". Eine solche Meinung über eine Frau will für den Preußenkönig schon etwas heißen.

Folgenreich für die deutsche Kultur war ihr Verhältnis zu dem französischen Aufklärer Voltaire. Wie mit Friedrich dem Großen korrespondierte Louise Dorothee auch mit dessen Favoriten. Im April und Mai 1753 hielt sich Voltaire am Gothaer Hof auf, trug sich dort sogar mit dem Gedanken, ganz nach Deutschland überzusiedeln. „Thüringen", schrieb er nach seiner Abreise an die Herzogin, „ist das Asyl der Tugend, der Großmut und des Geistes." Von allem hat er in Gotha reichlich erfahren. Beider Gedankenaustausch war auch deshalb von Bedeutung, weil er den Urgrund von Voltaires epischem Meisterwerk, dem „Candide", bildet. Obwohl viele Zeitgenossen diesen adels- und hofkritischen Roman als gotteslästerlich verstießen und seinen Verfasser verdammten, sorgte die Gothaer Herzogin für dessen Übersetzung ins Deutsche. So begann die deutsche Voltaire-Rezeption in Gotha lange vor dem Sturm und Drang, als Justus Möser den kritischen Franzosen neu entdeckte. Obwohl Louise Dorothee die französische Literatur bevorzugte, unterhielt sie auch mit dem deutschen „Literaturpapst“ Johann Christoph Gottsched einen regen Briefwechsel und begrüßte den Leipziger Professor mehrmals auf Schloss Friedenstein.

***Herzogin Louise Dorothee**, zeitgen. Ölbild.*

Zur Gothaer Hofkultur in der Mitte des 18. Jahrhunderts gehörte auch ein reiches Musikleben, das vor allem durch die Opern von Georg Benda bestimmt wurde. Schauplatz war das von Herzog Friedrich I. eingerichtete Theater. Zur gleichen Zeit feierte in dem kleinen Schloss Molsdorf der erst spät geadelte und bald darauf zum Grafen erhobene Gothaer Gesandte am Wiener Hof Gustav Adolf von Gotter rauschende Feste, von denen die Lebewelt ganz Europas sprach. Dabei entbehrt es nicht einer gewissen Ironie, dass der gleiche Graf von Herzog Friedrich III. damit beauftragt wurde, im benachbarten Neudietendorf Salzburger Glaubensflüchtlinge anzusiedeln und eine Herrnhuter Brüder-Gemeine zu gründen. Es scheint so, dass die galante Welt des Rokoko neben dem Glaubenseifer der Pietisten im Thüringen des 18. Jahrhunderts bestehen konnte.

Der Sohn Friedrichs III. und Louise Dorothees, Ernst II., stand schon im Schatten von Weimar, obwohl der Gothaer Hof keineswegs an Glanz verloren hatte. Seine Berufungspolitik im Kirchen- und Schulwesen hat deutlich gemacht, wie sehr der Herzog sich den Idealen von Toleranz und freimütigem Denken verpflichtet fühlte. So sind mit dem Wirken von Friedrich Christian Löffler eine Reihe grundlegender Schulreformen verbunden, die weit über Thüringen hinaus ihre Bewunderer fanden. Mit Interesse und Sympathie verfolgte der Herzog auch die Absicht Christian Gotthilf Salzmanns, im benachbarten Schnepfenthal ein Philanthropinum zu gründen. Schließlich hat er das Vorhaben mit beträchtlichen finanziellen Mitteln unterstützt. Fasziniert von dieser Einrichtung, in der das Nützliche und Vernünftige oberstes Gebot erzieherischer Bemühungen war, zog es Ernst immer wieder von seinem Sommerschloss in Reinhardsbrunn aus ins nahe Schnepfenthal, wo er mit Salzmann persönlichen, geradezu bürgerlichen Umgang pflegte.

Herzog Ernst II. von Sachsen-Gotha, *Medaillon, Ende des 18. Jh.s.*

Ernsts Hauptaugenmerk galt den Naturwissenschaften. Schon als Prinz hatte er mathematische Abhandlungen verfasst und auf dem Friedenstein ein physikalisches Kabinett eingerichtet. Darin experimentierte er selbst. Besonders hatte es ihm die Gewitterelektrizität angetan; auf dem Schlossturm ließ er dann nach dem Vorbild Benjamin Franklins den ersten Gothaer Blitzableiter anbringen. Für so herausragende Gelehrte wie den Göttinger Naturforscher Georg Christoph Lichtenberg und den Jenaer Physiker Johann Wilhelm Ritter war er ein willkommener Gesprächspartner. Eine rege Korrespondenz pflegte er auch mit nahezu allen namhaften Astronomen. Die von ihm auf dem Seeberg gegründete Sternwarte gehörte zu den bedeutendsten in Europa. Gotha selbst war am Ende des 18. Jahrhunderts eines der wenigen außeruniversitären Zentren der Naturwissenschaften in Deutschland und ist es noch lange geblieben.

Goethe und der Gothaer Hof

Häufiger Gast auf der Gothaer Sternwarte war Goethe. Daran erinnert die Astronomie-Szene im „Wilhelm Meister"-Roman, mit dem Goethe zu dieser Zeit beschäftigt war. Während der Arbeit an der „Farbenlehre" konnte Goethe optische Apparaturen, die ihm Ernst II. zur Verfügung stellte, nutzen. Umgekehrt stellte er dem Gothaer Hof Ergebnisse seiner wissenschaftlichen Versuche zur Verfügung. Auch in anderer Hinsicht waren für Goethe die Kontakte zum Gothaer Hof nützlich, traf er doch dort auf eine politisch interessierte und sehr gut informierte Hofgesellschaft. Man kann sogar sagen, dass Goethes Bild vom Hof eines funktionierenden Kleinstaates über lange Zeit hin von seinen Gothaer Erfahrungen geprägt wurde, denn in Weimar war 1775 mit Carl August ein sehr junger und noch unerfahrener Fürst zur Regierung gekommen, der zudem noch nicht einmal über ein Schloss verfügen konnte.

Ernsts Regierungszeit ist auch mit einem wichtigen Kapitel der deutschen Theatergeschichte verbunden, das allerdings in Weimar begann. Als das Weimarer Schloss 1774 vollständig niederbrannte, wurde abrupt auch der ständige Spielbetrieb für einige Jahre unterbrochen. Ernst nutzte die Gelegenheit und holte die in Weimar gastierende Theatertruppe nach Gotha. Unter der Leitung von Conrad Ekhof, dem im Umfeld Gotthold Ephraim Lessings groß gewordenen „Vater der deutschen Schauspielkunst", erwuchs 1775 daraus das erste ortsfeste und festengagierte Ensemble Deutschlands. Im berühmten Schlosstheater wurde nun 3-mal wöchentlich ge-

***Die Insel im Gothaer Schloss-Park**, wo auch Herzog Ernst II. seine letzte Ruhestätte gefunden hat. – Goethe bedichtete diese Anlage, nach deren Vorbild der Weimarer Park angelegt wurde: „Welch ein himmlischer Garten entspringt aus Öd' und aus Wüste / Wird und lebet und glänzt herrlich im Lichte vor mir."*

spielt. Die Schauspieler erhielten feste Gagen und waren pensionsberechtigt, womit erstmals ihr sozialer Status gehoben wurde. Einer von Ekhofs Schülern war August Wilhelm Iffland, der spätere berühmte Autor und Intendant der Berliner Bühne am Gendarmenmarkt. Nach Ekhofs frühem Tod fiel das Ensemble schon 1778 auseinander, erst 1827, nachdem die Herzogtümer Coburg und Gotha miteinander verbunden worden waren, kam es zur Gründung eines neuen Hoftheaters, das abwechselnd in beiden Residenzstädten spielte. Während diese Bühne heute ncht mehr existiert, erfreut sich das alte Theater im Schloss (Ekhof-Theater) in den Sommermonaten, wenn es bespielt wird, einer großen Zuschauergunst.

***Das Ekhof-Theater**, Blick auf die Bühne und in den Zuschauerraum.*

Nach der Französischen Revolution resignierte Ernst II. mehr und mehr. In seinem Tagebuch notierte er: „Ärgerlicher und empfindlicher werde ich mit jedem Tage, und dies tut weder wohl noch gut, denn ich leide davon nicht allein, sondern auch diejenigen, die mit mir zu tun haben." Er trug sich sogar mit dem Gedanken, auf den Thron zu verzichten und nach Amerika auszuwandern. Die Bücher, die er nach Ohio mitnehmen wollte, hatte er schon ausgewählt.

Das größte und angesehenste Fürstentum Thüringens im 18. Jahrhundert war also Sachsen-Gotha und Altenburg. Alle Innovationen, insbesondere im Schulwesen, aber auch in der Musik und in den Naturwissenschaften, hatten hier ihren Ausgang genommen und der Stadt, an Urbanität Weimar noch lange überlegen, in ganz Deutschland zu Ansehen verholfen. Dagegen hatte das Weimarer Herzogtum nach anfänglichem starken kulturellen Engagement seit der zweiten Hälfte des 17. Jahrhunderts kaum mehr von sich reden gemacht. An dieser bescheidenen Stellung konnte auch die 1696 nach Gothaer Vorbild eingerichtete Opernbühne nichts ändern. Der junge Johann Sebastian Bach genoss zwar eine gewisse Förderung, halten wollte man ihn aber nicht. So wechselte der mit seinem Landesherrn Wilhelm Ernst in Konflikt gekommene Schlosskirchenorganist 1717 ins anhaltinische Köthen. Als Herzog Ernst August, der Erbauer der Rokokoschlösser von Belvedere und Dornburg, 1748 starb, war der dynastische Fortbestand des Landes sogar unsicher. Dass es nicht so weit kam, verdankt die Nachwelt Anna Amalia, der jungen Witwe Ernst August II. Constantin. Mit ihren beiden Söhnen sicherte sie die Zukunft des angeschlagenen Herzogtums.

Herzog Ernst August I. von Sachsen-Weimar (und Eisenach), *Kupferstich, 1. Hälfte des 18. Jh.s.*

Für Eduard Vehse, den Verfasser einer im 19. Jh. vielgelesenen „Geschichte der Höfe“, war der hagere und ewig reizbare Sonderling Ernst August I. „einer der originellsten kleinen deutschen Fürsten des 18. Jh.“. Wie kaum ein anderer Thüringer Regent machte er nahezu alle Unsitten seiner Zeit mit: der Jagdleidenschaft, der auch noch sein Enkel Carl August verfallen war, verdanken wir aber das Dornburger Rokokoschlösschen. Während andere Bauten dieses Herzogs bald wieder aufgegeben werden mussten, hat die Anlage von Dornburg die Zeiten überdauert. Als Herzog Ernst 1748 nur wenige Monate nach der Fertigstellung seines Dornburger Kleinodes starb, hinterließ er außer seinem körperlich äußerst schwachen Nachfolger nur noch drei Töchter. Im Gothaer Kabinett begann man schon, das Weimarer Erbe aufzuteilen. Dass daraus nichts wurde, hatte das Haus Weimar vor allem der lebenskräftigen und klugen braunschweigischen Prinzessin Anna Amalia zu danken.

Die geborene Prinzessin von Braunschweig-Wolfenbüttel, deren Mutter eine Schwester Friedrichs des Großen war, gehörte zu den außergewöhnlichsten Frauengestalten des 18. Jahrhunderts. Ohne sie kann man sich das klassische Weimar nur schwer vorstellen. Sie richtete die Bibliothek ein (die heute zu Recht ihren Namen trägt), gründete ein Theater und holte die ersten Dichter an ihren Hof. Unter der Regierung ihres Sohnes Carl August rückte Weimar dann nach und nach auf den bislang von Gotha eingenommenen Platz. Am Jahrhundertende waren Weimar und Jena unter seiner Ägide geistige Zentren von europaweiter Ausstrahlung. Keiner wusste dies besser als Goethe, wenn er in einem Epigramm Herzog Carl August in eine Reihe mit dem römischen Kaiser, der selbst eine Klassik begründete, und dem großen antiken Kunstförderer stellt.

Herzogin Anna Amalia von Sachsen-Weimar und Eisenach*, Öl auf Leinwand von Georg Ziesenis, um 1769.*

***Damen der Gesellschaft im Park**, Silhouette von J. W. Wendt, Weimar um 1785.*

***Anna Amalia** und ihre Begleiter in der Villa d' Este zu Tivoli, Aquarell von J. G. Schütz, undat.*

Anna Amalia reiste 1788 bis 1790, 22 Monate lang, auf Goethes Spuren durch Italien. Umgeben von Freunden, lebte sie vor allem in Rom und Neapel und vertiefte sich in die Kunst. Am 2. Mai 1790 traf sie Goethe in Venedig, gemeinsam reisten sie zurück nach Weimar.

Anna Amalia gehörte – wie Louise Dorothee – zu den herausragenden Frauengestalten des 18. Jahrhunderts. Goethe sagte von ihr: „Sie gefiel sich im Umgang geistreicher Personen, und freute sich, Verhältnisse dieser Art anzuknüpfen, zu erhalten und nützlich zu machen: ja es ist kein bedeutender Name von Weimar ausgegangen, der nicht in ihrem Kreise früher oder später gewirkt hätte." Was Louise Dorothee fast nur auf dem Wege der Korrespondenz möglich war – nämlich mit den vornehmsten Geistern ihrer Zeit Umgang zu pflegen –, das war für Anna Amalia, eine Generation später, so möchte man salopp sagen, Weimarer Alltag. Im Jahre 1772 verpflichtete die Herzogin Christoph Martin Wieland an ihren Hof. Er sollte die Ausbildung des Erbprinzen Carl August vollenden. Mit der Ankunft des damals bekanntesten deutschen Schriftstellers in Weimar wurde die Stadt zu einem Mittelpunkt der deutschen Literatur.

Für den zweiten Sohn wählte Anna Amalia einen anderen Lehrer: Carl Ludwig von Knebel, ein Franke, der als Gardeleutnant in Potsdam gedient, sich mit den interessantesten philosophischen Themen der Zeit befasst hatte, Lukrez übersetzte und Gedichte schrieb. Ende 1774 unternahm Knebel mit den beiden Prinzen eine Bildungsreise nach Frankreich. In Karlsruhe verlobte sich Carl August mit der Prinzessin Luise von Hessen-Darmstadt, die Anna Amalia als zukünftige Herzogin ausgewählt hatte. Ein folgenreiches Ereignis war die Begegnung Knebels mit Johann Wolfgang Goethe in Frankfurt, denn sie hatte die Berufung des Dichters im Herbst 1775 nach Weimar zur Folge. Und im Jahr darauf kam bereits auf Goethes Veranlassung Johann Gottfried Herder nach Weimar. Wenn auch Anna Amalia von nun an in den Hintergrund trat, hatte sie doch die Grundlagen für die Entwicklung Weimars zum Mittelpunkt der deutschen Literatur geschaffen.

Auch an der Neuprofilierung wichtiger kultureller Institutionen hatte Anna Amalia Anteil. Schon 1763 ließ sie das am Park gelegene Grüne Schloss zu einer Bibliothek ausbauen. Sie machte damit nicht nur die fürstliche Bibliothek der Öffentlichkeit zugänglich, sondern erwarb zielgerichtet auch große Privatbibliotheken und legte damit den Grundstock für eine Büchersammlung, die vor allem die Gesamtheit der deutschen Literatur im Auge hatte. Die Weimarer Bibliothek trägt heute den Namen dieser Herzogin.

Die Herzöge von Sachsen-Weimar II	
Ernst August II. Constantin	1755-1758
Anna Amalia	
(für ihren unmünd. Sohn Carl August)	1758-1775
Carl August	1775-1815 (-1828)

Kurz nach Wielands Ankunft hat Anna Amalia auch eine Schaubühne gegründet, für die sie Privatmittel zur Verfügung stellte und dem Publikum kostenlos Eintritt gewährte. An dieser Bühne wurde Wielands „Alceste" uraufgeführt, die mit der Musik von Anton Schweitzer heute als die erste durchkomponierte Oper in deutscher Sprache gilt. Nachdem sich Anna Amalia von den Regierungsgeschäften zurückgezogen hatte, fand sie Zeit, sich ganz ihren künstlerischen und literarischen Interessen zu widmen. Zu ihrer „Tafelrunde" trafen sich Dichter, Musiker, Maler und Gelehrte zu lebhaften Gesprächen und kreativer Arbeit. Man kann sagen, dass alles, was später in Weimar sich an neuen künstlerischen Ideen Bahn brach, hier – also in einem elitären, nichtöffentlichen Zirkel – vorgedacht und diskutiert wurde. Dies war sehr produktiv und um so eher möglich, als Anna Amalia selbst Künstlerin war. Sie spielte mehrere Instrumente und komponierte. Dabei war sie mehr als eine Dilettantin.

Eine ähnliche Rolle wie die „Tafelrunde" spielte auch das Ettersburger Liebhaber-Theater, wo am 6. April 1779 „Iphigenie auf Tauris" uraufgeführt wurde. Die Hauptrolle spielte die berühmte Corona Schröter, den Orest gab Goethe selbst, Carl August den Pylades. Hier wurde geprobt, was mehr als zehn Jahre später im Hoftheater öffentlich gemacht wurde.

Großherzog Carl August dagegen fühlte sich keineswegs als Künstler, wenn er zuweilen auch eine sensible Natur zeigen konnte. Er war voller überschäumender Kraft und Leidenschaft und nicht selten voller Tatendrang. Mit Goethe verband ihn eine lebenslange Freundschaft, die – bezogen auf die kulturellen Folgen – zu den großen Glücksfällen in der deutschen Geistesgeschichte gehört. Nicht auszudenken, wenn Goethe auf einen Herzog getroffen wäre, mit dem er nicht hätte umgehen können. Oder umgekehrt: der manchmal ziemlich grobschlächtige Carl August verstand sehr wohl Kunst und, was nicht dasselbe ist, ihre Schöpfer. Und das war auch ein Glücksfall für Sachsen-Weimar. Dass Goethe mehr als 50 Jahre dort verblieb, ist auch seinem freundschaftlichen Verhältnis zum Herzog zu danken. Dieser erwies sich nicht nur als verständnisvoller und anregender Gesprächspartner, sondern in schwierigen Situationen auch als ein wahrer Freund. Goethes Verbindung mit Christiane Vulpius akzeptierte er von Anfang an uneingeschränkt. „Er hatte die Gabe", bemerkte Goethe einmal, „Geister und Charaktere zu unterscheiden und jeden an seinen Platz zu stellen. Das war sehr viel."

Dass Johann Wolfgang von Goethe und Friedrich Schiller in Weimar und Jena ihr klassisches Dichtungsprogramm entwickeln konnten, ist zu wichtigen Teilen auch dem Herzog zuzurechnen. Carl August, als preußischer General Teilnehmer an den Feldzügen gegen Frankreich, trug entscheidend dazu bei, dass seinem kleinen Land in den Wirren der Revolutionskriege und den ersten Jahren der Napoleonischen Expansion der äußere Friede erhalten werden konnte. In dem 1795 gechlossenen Frieden von Basel wurde für ganz Norddeutschland, wozu auch Thüringen gezählt wurde, der Status der Neutralität vereinbart. Was diese Festlegung für das „Klassische Weimar", und damit für die deutsche Literatur, bedeutete, hat der Historiker Leopold von Ranke, der aus Wiehe an der Unstrut stammte und wie Fichte und Nietzsche auf der Fürstenschule Pforta an der Saale ausgebildet wurde, deutlich gemacht.

Leopold von Ranke: Über den Frieden von Basel und das klassische Weimar (1880)

Durch den Frieden zu Basel und die Demarkation wurde nun aber inmitten der kämpfenden Weltmächte ein neutrales Gebiet geschaffen, in welchem man unter der Aegide des preußischen Adlers die Segnungen des Friedens genoß. Bezeichnend ist es, dass unter den weltlichen Fürsten Carl August von Weimar eigentlich der erste war, welcher die Aufnahme in die Neutralität begehrte und erhielt. Seine kleine Hauptstadt und die benachbarte Universität Jena bildeten einen der vornehmsten Mittelpunkte der Literatur. Ich wage zu behaupten, dass die Zeit der Neutralität dazugehörte, um den begonnenen Trieben zu ihrem Fortwachsen und ihrer Reife Raum zu verschaffen. Unleugbar ist es doch, daß die Unruhen und Gefahren des Krieges alles gestört und vielleicht allem eine andere Richtung gegeben haben würden.

Reiterstandbild Großherzog Carl Augusts *vor dem ehemaligen Fürstenhaus, geschaffen von Adolf Donndorf, enthüllt am 3. September 1875, dem 100. Jahrestag der Thronbesteigung des Fürsten. Der Künstler zeigt ihn, in Bezug auf die Verse Goethes, als römischen Imperator.*

Johann Wolfgang von Goethe
Venetianisches Epigramm
1789

Klein ist unter den Fürsten Germaniens freilich der meine;
Kurz und schmal ist sein Land, mäßig nur, was er vermag.
Aber so wende nach innen, so wende nach außen die Kräfte
Jeder; da wär's ein Fest, Deutscher mit Deutschen zu sein.
Doch was priesest du *ihn*, den Taten und Werke verkünden?
Und bestochen erschien' deine Verehrung vielleicht;
Denn mir hat er gegeben, was Große selten gewähren,
Neigung, Muße, Vertraun, Felder und Garten und Haus.
Niemand braucht ich zu danken als ihm, und manches bedurft ich,
Der ich mich auf den Erwerb schlecht, als ein Dichter, verstand.
Hat mich Europa gelobt, was hat mir Europa gegeben?
Nichts! Ich habe, wie schwer! meine Gedichte bezahlt.
Deutschland ahmte mich nach, und Frankreich mochte mich lesen.
England, freundlich empfingst du den zerrütteten Gast.
Doch was fördert es mich, dass auch sogar der Chinese
Malet mit ängstlicher Hand Werthern und Lotten auf Glas?
Niemals frug ein Kaiser nach mir, es hat sich kein König
Um mich bekümmert, und *er* war mir August und Mäcen.

Die Universität Jena

Breiten Raum im Leben sowohl Goethes als auch des Herzogs nahm die Jenaer Universität ein. Um 1800 war sie mit ihren 900 Studenten die am meisten frequentierte Hochschule Deutschlands. Goethe brachte die Einzigartigkeit der Stadt in jenen Jahren auf den Punkt, wenn er am 28. März 1797 Carl Ludwig von Knebel wissen lässt: „Schiller ist fleißig an seinem `Wallenstein', der ältere Humboldt arbeitet an der Übersetzung des `Agamemnon' von Aischylos, der ältere Schlegel an einer des `Julius Cäsar' von Shakespeare, ... Nimmst Du nun dazu, daß Fichte eine neue Darstellung seiner `Wissenschaftslehre' im `Philosophischen Journal' herauszugeben anfängt und daß ich, bei der spekulativen Tendenz des Kreises, in dem ich lebe, wenigstens im ganzen Anteil daran nehmen muß, so wirst Du leicht sehen, dass man manchmal nicht wissen mag, wo einem der Kopf steht ..." Und wenig später spricht er gegenüber Schiller von Jena als einem „Stapelplatz des Wissens und der Wissenschaft". Trotz aller Gegensätze der Dichter untereinander – auch Goethe und Schiller haben lange gebraucht, ehe sie im Juli 1794 in Jena zueinander fanden – bewirkte das vielgestaltige geistig-literarische Leben im engen Raum Weimar-Jena für alle von ihnen vielfältige Anregungen. Goethe hat damit den Hintergrund für sein eigenes klassisches Werk bestimmt, aber auch einsehbar gemacht, wie sich in dieser Stadt der frühromantische Dichterkreis als eine auf bürgerliche Unabhängigkeit bedachte oppositionelle Literaturbewegung konstituieren und Jena für einen kurzen Zeitraum zum Mittelpunkt der literarischen Welt in Deutschland aufrücken konnte.

Weltwirkungen gingen aber auch von den philosophischen Lehrern an der Universität Jena aus, denen Carl August zwar ein niedriges Gehalt, dafür aber eine uneingeschränkte Freiheit des Geistes gab. Begonnen hatte alles mit Wielands Schwiegersohn Karl Ludwig Reinhold, der von 1787 bis 1794 hier die anderenorts abgewiesene Vernunftkritik Immanuel Kants in systematischer Form lehrte. Für Schillers Entscheidung, nach Jena überzusiedeln, haben diese Vorlesungen eine wichtige Rolle gespielt. Johann Gottfried Fichte als dessen Nachfolger im Amt betrat also sorgsam bereiteten Boden, auf dem er nun, ungleich radikaler, den Kantschen Dualismus von sinnlicher Erfahrung und geistigem Erkennen in einem eigenen System des absoluten, weltsetzenden Ich aufzuheben strebte. Fichtes Vorlesungen wurden zeitweilig von einem Drittel aller Studierenden besucht, führten sogar zu Unruhen. Schließlich wurde Fichte des Atheismus angeklagt, da er nicht Abbitte leistete, und von seinem Lehramt entbunden. Auch die Jenische Freiheit hatte also ihre Grenzen. Die Eingriffe in die Lehrfreiheit aber auch. Fichtes Nachfolger wurde der junge Joseph Schelling, und diesem zur Seite stand Georg Friedrich Wilhelm Hegel. Und so ist kein Zufall, dass die großen Manifeste der klassischen deutschen Philosophie – Fichtes „Wissenschaftslehre“ (1794), Schellings „System des transzendentalen Idealismus“ (1800) und Hegels „Phänomenologie des Geistes“ (1807) – alle in dem kleinen Jena, in Sachsen-Weimar also, zu Papier gebracht wurden.

Herzogin Luise und die Stiftung von Verbindungen nach Russland
Die Gemahlin Carl Augusts war eine Prinzessin von Hessen-Darmstadt. Sie brachte wichtige dynastische Verbindungen mit in die Ehe. Luises Mutter, eine musisch begabte und selbstbewusste Fürstin, hatte vier ihrer fünf Töchter gut verheiraten können, was bei den bescheidenen Mitgiften nicht ganz einfach gewesen sein dürfte. Ihre guten Beziehungen zu Friedrich dem Großen hatten dabei geholfen. So heiratete Friederike dessen Neffen Friedrich Wilhelm und wurde Königin von Preußen. Vor dem Hintergrund dieser dynastischen Aufwertung reiste sie nach Russland, wo sie den preußenfreundlichen Zarewitsch beeindrucken konnte. Wilhelmine wurde als Natalja Alexejewna dem Thronfolger Paul angetraut und sollte Zarin werden, was allein ihr früher Tod verhinderte. Damals war noch nicht vorauszusehen gewesen, dass diese kurze Ehe ein Menschenalter später weitere deutsch-russische Bande stiften würde. Für das kleine Weimar, in das die jüngste Darmstädter Prinzessin, also Luise, 1775 eingeheiratet hatte, musste dies eine ungeheure Aufwertung bedeuten. Zar Pauls Tochter (aus zweiter Ehe) Maria Pawlowna wurde dann 1804 Luises Schwiegertochter und damit eine russische Großfürstin und die Schwester des Zaren Alexander I. Weimarer Erbprinzessin.

***Großherzogin Luise**, Öl auf Leinwand von J. F. A. Tischbein, 1810.*

Luise als Persönlichkeit

Dass Luise es an der Seite Carl Augusts nicht leicht haben würde, war früh zu ahnen, da sich der Herzog schon bald nach der Hochzeit die ersten Eskapaden leistete. Als er in den 90-er Jahren die Liaison mit der Sängerin Karoline Jagemann einging, war Luise erleichtert, schließlich hatte sie durch die Geburt zweier Söhne den Fortbestand der Dynastie gesichert und damit ihren Pflichten Genüge getan. Und leidenschaftlich war sie ohnehin nie gewesen. Da Carl August niemals den geringsten Zweifel aufkommen ließ, wer die erste Dame im Herzogtum sei, er seiner Gemahlin gegenüber ritterlich blieb, ihr mit zunehmendem Alter sogar wieder näher kam, wird Luise an der Seite ihres kraft- und ideenstrotzenden Gemahls nicht ganz unglücklich gewesen sein. Und eine lebensvolle Persönlichkeit war auch sie. Hinzu kam ihr für das Land so segensreicher politischer Instinkt und eine achtunggebietende persönliche Integrität, wie sie sich besonders in den Zeiten tiefster Erniedrigung gegenüber Napoleon zeigte, die ihr Ansehen über den Hof und über Weimar hinaus steigerte. „Welch eine Frau, welch eine Frau!“, soll der alte Goethe immer wieder gerufen haben, wenn er von einer Audienz bei der Großherzogin zurückkehrte.

Der kulturelle und dynastische Aufstieg Weimars in den letzten Jahrzehnten des 18. Jahrhunderts spiegelt sich auch im Schlossbau wider. Lange hatte Carl August nicht daran gedacht, die 1774 abgebrannte Wilhelmsburg wiederaufzubauen. 1789 rief er endlich eine Schlossbaukommission ins Leben, in der Goethe die treibende Kraft wurde. Dieser gewann dann auch in Johann August Arens einen Architekten, dem an der Erhaltung der alten Bausubstanz gelegen war, ohne den modernen Stil des Klassizismus hintanzusetzen. Doch reichte das Geld nicht aus, um den Bau schnell zu vollenden. Erst 1797 konnte mit dem Innenausbau begonnen werden: Zu dieser Zeit hatte der Schlossbaumeister Weimar allerdings schon verlassen, so dass Goethe seine Ideen einbringen konnte. Unter dem Preußen Heinrich Gentz – auf ihn gehen der Festsaal, die Falkengalerie und das Treppenhaus zurück – wurde 1803, fast 30 Jahre nach der Brandkatastrophe, der Ostflügel des Schlosses bezogen. Jetzt konnte auch Maria Pawlowna in Weimar einziehen. Unter ihrer und Carl Friedrichs Regierung wurde ab 1830 weitergebaut.

Auch in Meiningen versuchte Herzog Georg I., ein Aufklärer per excellence, einen Kreis von Literaten und Künstlern um sich zu sammeln. „Hat der Fürst nur guten Willen genug, sein Land glücklich zu machen, so findet er immer auch Patrioten, welche die Mittel zur Beförderung der allgemeinen Wohlfahrt ausfindig machen und dazu dienliche Vorschläge in die Hand bieten werden.“ Pläne hatte Georg wie kaum ein anderer thüringischer Fürst. Bei der Kleinheit der Verhältnisse – insbesondere in Meiningen – zeigte es sich aber doch, dass all die schönen Vorhaben kaum mit den eigenen Kräften würden in die Tat umgesetzt werden können. Dennoch entwikkelte sich die kleine Residenzstadt an der Werra unter seiner Regentschaft zu einem wichtigen kulturellen Zentrum. Die Jahrzehnte später europaweit ausstrahlende Hofkapelle erlebte unter diesem Herzog ihre erste Blütezeit. Der von ihm angelegte Englische Garten erinnert noch heute an seine Vorstellungen von Landschaftsgestaltung. Unter ähnlichen Gesichtspunkten ließ er auch Liebenstein zu einem Kurort ausbauen.

Früh hat Georg I. Schillers Genie erkannt und dem rebellischen Dichter den Titel eines Hofrats verliehen, der ihm schließlich in Weimar und Jena nützlich war. Einen der Großen in Meiningen zu halten, vermochte Georg aber nicht. Auch für einen Mann wie den Schriftsteller Jean Paul konnte Meiningen mit seinem kleinen Kreis Gebildeter nur Zwischenstation sein. Im Juni 1803 kehrte er der Stadt nach nur 2-jährigem Aufenthalt den Rücken.

Die Meininger Herzöge Georg I. und Bernhard II. Erich Freund haben es aber verstanden, begabte und bereits literarisch tätige Personen der zweiten Reihe auf Beamtenposten zu setzen, die sich mit ihren schriftstellerischen Ambitionen gut in Einklang bringen ließen. Auf diese Weise ist ein fruchtbares und ertragreiches, doch leises und wenig spektakuläres Mäzenatentum zustande gekommen. Ludwig Bechstein, der als Schriftsteller, Altertumsforscher, Sagen- und Märchensammler im 19. Jahrhundert unendlich viel für die Thüringer und ihr sich entwickelndes regionales Selbstbewusstsein getan hat, wäre ohne dieses selbstlose Meininger Engagement niemals in den Genuss höherer Bildung gekommen und wohl kaum als Schriftsteller und Wissenschaftler wirksam geworden.

Um 1800 erlebte auch das Herzogtum Sachsen-Hildburghausen seine klassische Zeit. Nach der Brandkatastrophe von 1779 wurde die Residenzstadt in einem eleganten Gleichmaß wiederaufgebaut. Unter Herzogin Charlotte, der Schwester

***Herzog Georg I. von Sachsen-Meiningen**, Öl auf Leinwand, undat.*

der späteren berühmten Preußenkönigin Luise, entwickelte sich der Hof zu einem „Klein-Weimar". Vor allem den Schriftsteller Jean Paul beeindruckte die weltoffene Atmosphäre in Hildburghausen. „Ihr Kopf ist für mich so schön, dass ich immer vergesse, dass ein Fürstenhut darauf sitzt", schrieb er über die Herzogin.

Vielleicht war das kunstsinnige, feingeistige Klima an dem kleinen Hof ein Grund dafür, dass der bayerische Kronprinz und spätere König Ludwig I. („der Städtebauer"), selbst ein eifriger Förderer der Künste, sich eine Tochter Charlottes zur Gemahlin nahm. Therese von Sachsen-Hildburghausen wurde Königin von Bayern. Die 1810 begangene Hochzeit war Anlass für ein großes Volksfest, aus dem die Tradition des Münchner Oktoberfestes hervorging.

Blick über den Schlossparkkanal zum Schloss *(Anfang des 19. Jahrhunderts). Im rechten Bildhintergrund die 1781/85 erbaute Christuskirche.*

Unter den schwarzburgisch-rudolstädtischen Fürsten ragte Ludwig Friedrich II. hervor. Zusammen mit seiner hochgebildeten Gemahlin Karoline Luise entwickelte er seine kleine Residenz auf Schloss Heidecksburg zu einem weithin ausstrahlenden Hort der Künste. Das von ihm gegründete Rudolstädter Theater gehörte zwar zu den kleinsten in Deutschland, die Rudolstädter Fürsten haben es aber durch die Anbindung an Weimar zu einer wichtigen Spielstätte gemacht.

Herzogin Charlotte von Sachsen-Hildburghausen,
Rückseite eines Medaillons.

Der schwierige Weg der thüringischen Fürstenstaaten im frühen 19. Jahrhundert

Gleich zu Beginn des neuen Jahrhunderts wurden die thüringischen Fürstenhäuser erschüttert wie schon lange nicht mehr. Für kurze Zeit war sogar die Existenz einiger von ihnen in Frage gestellt. Im Unterschied zu den Ereignissen im Nachfeld des Schmalkaldischen Krieges lag diesmal die Schuld nicht bei ihnen, da sie kaum mehr politische Akteure waren. In diesem Falle kam die große Poltik zu ihnen und die thüringischen Fürstentümer waren darin ein Spielball.

Im Ergebnis des Friedens von Lunéville vom 9. Februar 1801 (der de facto die französischen Revolutionskriege abschloss) sollten die deutschen Fürsten für ihre an Frankreich abgetretenen Gebiete entschädigt werden. Dazu setzte der Regensburger Reichstag eine Reichsfriedensdeputation ein. Auf Drängen Frankreichs musste diese die Selbstständigkeit der geistlichen Fürstentümer und der meisten Reichsstädte aufheben und mit deren Territorien andere Staaten entschädigen.

Mit diesem Reichsdeputationshauptschluss endete 1802 auch die vielhundertjährige Herrschaft des Mainzer Kurerzstifts über Erfurt. An seine Stelle trat Preußen. Auch die beiden thüringischen Reichsstädte Mühlhausen und Nordhausen kamen an die Hohenzollern, die nun über weite Teile Nordthüringens herrschten. Allerdings mussten sie im Oktober 1806 die Erfurter Statthalterei schon wieder verlassen und den in der Doppelschlacht von Jena und Auerstedt siegreichen Franzosen das Feld überlassen. Ihr Kaiser, Napoleon I., unterstellte dabei das Gebiet von Erfurt direkt seiner Verwaltung. Das Jahr 1806 wurde für Thüringen zu einem Schicksalsjahr wie kaum eines vorher.

Die durch Napoleon eingeleitete neue Epoche stand im Zeichen des Mars. Das heitere Treiben an den Musenhöfen wurde mit einem Schlag beendet, die klassische Zeit schien endgültig vorbei zu sein. Louis Ferdinand wurde dafür das Symbol. Der kunstsinnige und musikalisch hoch begabte Preußenprinz hat auf Schloss Heidecksburg eine letzte beschwingte

Nacht verlebt, bevor er als Führer der preußisch-sächsischen Vorhut nach Saalfeld ritt und bei dem ersten Gefecht an der Straße nach Wöhlsdorf – etwa dort wo heute Schinkels schönes Denkmal steht – den Tod fand.

Die Niederlagen Preußens durch Napoleon bei Jena und Auerstedt erschütterten vor allem das Herzogtum Sachsen-Weimar-Eisenach. Als Carl August an jenem Abend des schicksalsschweren 14. Oktober in Arnstadt von der Katastrophe hörte, soll er, die Dinge nüchtern betrachtend, gesagt haben: „Herzog von Weimar und Eisenach wären wir einstweilen gewesen." Da wusste er noch nicht, dass die Franzosen bereits in Weimar einmarschiert waren, die Stadt plünderten und brandschatzten – und Goethe mit dem Tode drohten. Das Schlimmste für sich konnte der Herzog jedoch abwenden. Obwohl er preußischer General war, trat er aus Staatsräson dem von Napoleon bestimmten Rheinbund bei und ersparte damit seinem Land eine lang andauernde französische Besetzung. Ohne zwingende Gründe waren diesen Weg im Juli schon 16 Reichsfürsten gegangen. Diesen Verrat ließen sie sich von Napoleon mit Rangerhöhungen und Gebietszuwächsen bezahlen. Da sie sich mit diesem Schritt vom Reichsverband abgewendet hatten, stand das Heilige Römische Reich vor seiner Auflösung. Als Carl August wenige Monate später dem Rheinbund beitrat, existierte es nicht mehr. Franz II. hatte das Kaisertum für erloschen erklärt. Der neue Cäsar Europas war schon seit 1804 Napoleon I.

Auf dem Erfurter Fürstentag, der vom 27. September bis 4. Oktober 1808 glanzvoll abgehalten wurde, ließ sich der Franzosenkaiser von vier Königen und 34 Fürsten der Rheinbundstaaten, darunter auch Carl August, als dem tatsächlichen Herrscher Europas huldigen. Während der Versammlung hat Napoleon vergeblich versucht, den russischen Zaren Alexander I., dessen Schwester Maria Pawlowna mit dem weimarischen Erbprinzen Carl Friedrich verheiratet war, für seine weitreichenden Pläne einer Neuordnung des Kontinents zu gewinnen.

Theodor Fontane: Prinz Louis Ferdinand (1857)

Sechs Fuß hoch aufgeschossen,
Ein Kriegsgott anzuschaun,
Der Liebling der Genossen,
Der Abgott schöner Fraun,
Blauäugig, blond, verwegen
Und in der jungen Hand
Den alten Preußen-Degen –
Prinz Louis Ferdinand.

(...)

Das war nur bloßes Reiten,
Doch wer so reiten kann,
Der ist in rechten Zeiten
Auch wohl der rechte Mann;
Schon über Tal und Hügel
Stürmt ostwärts der Koloss, –
Prinz Louis sitzt am Flügel
Im Rudolstädter Schloss.

Es blitzt der Saal von Kerzen,
Zwölf Lichter um ihn stehn,
Nacht ist's in seinem Herzen
Und Nacht nur kann er sehn,
Die Töne schwellen, rauschen,
Es klingt wie Lieb und Hass,
Die Damen stehn und lauschen,
Und was er spielt ist *das*:

„Zu spät zu Kampf und Beten,
Der Feinde Rosses-Huf
Wird über Nacht zertreten,
Was ein Jahrhundert schuf,
Ich seh es fallen, enden,
Und wie alles zusammenbricht,
Ich kann den Tag nicht wenden,
Aber *leben* will ich ihn nicht.“

Und als das Wort verklungen,
Rollt Donner schon der Schlacht,
Er hat sich aufgeschwungen,
Und sein Herze noch einmal lacht,
Vorauf den andern allen
Er stolz zusammenbrach,
Prinz Louis war gefallen
Und Preußen fiel – ihm nach.

NAPOLEON
Den Ersten des Jahrhunderts
Einzig als Held und Staatsmann
dem gegenwärtigen Zeitalter Zierde
dem künftigen Muster
Den Gründer des Germanischen Bundes
ein Schrecken seinen Feinden
den Seinen holde Liebe
Dessen
Hoheit
die Unsterblichkeit im voraus feyert
begrüßt
das durch Ihn sich wiedergegebene
von Ihm beglückte
dankbare Sachsen.

Rheinbündische Huldigung Napoleons.

In der Erfurter Statthalterei traf Napoleon am 2. Oktober 1808 auch mit Goethe zusammen. Als der Dichter die ihm gut bekannten Räumlichkeiten wiedersah, musste er mit Verwunderung feststellen, dass sich an den Äußerlichkeiten der Säle viel verändert hatte. Nicht nur die Möbel waren ausgetauscht worden, auch die Porträts an den Wänden waren andere, so dass das Ambiente den Eindruck erweckte, als hätte der Kaiser hier schon immer residiert. Um so erstaunlicher war es, dass Napoleon in dieser einstündigen Unterredung sich nicht nur sehr sachkundig über das in Erfurt gastierende französische Theater äußerte, sondern auch über den „Werther", den der Kaiser, wie Goethe festgehalten hat, „durch und durch mochte studiert haben". Der überlieferte Ausruf Napoleons Goethe gegenüber „Voilà un homme!" macht die Bewunderung deutlich, die der Franzose dem Deutschen gegenüber zum Ausdruck brachte. Wenn er dann Goethe aufforderte, nach Paris zu kommen und dort ein Caesar-Drama zu schreiben, besser als das von Voltaire, drückt sich darin auch die Wertschätzung des Kaisers für die deutsche Kultur aus – oder wie Goethe es verstand, für Weimar. Auf jeden Fall aber machte diese Unterredung deutlich, dass eine kleine thüringische Residenz ausgestrahlt hatte in die Welt – und selbst der Mächstigste dies zur Kenntnis nehmen musste.

Da sich Carl August rechtzeitig, noch vor dessen Niederlage im Oktober 1813 in der Völkerschlacht bei Leipzig, von Napoleon abgewendet hatte, konnte er sein Land auf dem Wiener Kongress flächenmäßig verdoppeln. Vor allem fielen ihm Gebiete im Westen zu, die vormals zur Abtei Fulda gehört hatten. Aber auch der albertinische Neustädter Kreis wurde nun weimarisch. Ihm selbst wurde der Titel Großherzog zuerkannt. Als einziger thüringischer Fürst konnte er nun die Anrede „Königliche Hoheit" für sich in Anspruch nehmen. Seine Hoffnungen auf das sächsische Erbe erfüllten sich indessen nicht. Das napoleontreue albertinische Sachsen büßte zwar die Hälfte seines Territoriums ein, behielt aber den ihm vom Franzosenkaiser gewährten Status eines Königreiches. Und Carl August blieb in Weimar, das „Unrecht" von 1547 (so empfand es der durchaus machtbewusste Ernestiner jedenfalls immer noch) ließ sich auch jetzt nicht revidieren. Niemand hatte ein Interesse daran, eine neue Mittelmacht in den Sattel zu heben.
Erfurt und die ehemals sächsischen Teile Nordthüringens kamen 1815 also nicht wie erhofft an Sachsen-Weimar, sondern an Preußen. Statt der Mainzer Kurerzbischöfe und der Albertiner regierten nun die Hohenzollern endgültig in weiten Teilen Thüringens. Aus dem sächsischen Thüringer Kreis und den Gebieten des Kurerzstifts wurde die preußische Pro-

vinz Sachsen gebildet. Das neue Verwaltungszentrum wurde Merseburg.

Die Könige von Preußen und (ab 1871) Deutschen Kaiser

(Hohenzollern)

Friedrich Wilhelm III.	1797-1840
Friedrich Wilhelm IV.	1840-1861
Wilhelm I.	1861-1888
Wilhelm II.	1888-1918

Die dynastische Verflechtung Sachsen-Weimars mit den Hohenzollern
Anna Amalias Mutter Philippine Charlotte, verheiratet mit Herzog Carl I. von Braunschweig-Lüneburg, war eine Schwester Friedrichs des Großen. Der berühmte Hohenzoller war also der Onkel der Weimarer Herzogin. Diese Verwandtschaft hat Sachsen-Weimar eng an Preußen gebunden und Herzog Carl August die Möglichkeit eröffnet, preußischer General zu werden. Zeitweise hat er sich öfter bei seinem Regiment in Aschersleben aufgehalten als in seiner Residenzstadt. Dass sich mit diesem Engagement ein weiterer dynastischer Aufstieg seines Hauses verbinden konnte, zeigte sich in der übernächsten Generation. Carl Augusts Enkelinnen Maria und Augusta heirateten 1827 und 1829 die preußischen Prinzen Karl und Wilhelm, Söhne König Friedrich Wilhelms III. Prinz Wilhelm wurde 1861 selbst König von Preußen und 1871 Deutscher Kaiser, die Weimarer Prinzessin also Königin und Kaiserin. Auch in Berlin engagierte sich Augusta für Kultur und Kunst. Als Enkelin Carl Augusts fühlte sie sich ohnehin den großen Traditionen ihres Hauses verpflichtet und neigte liberalen Ideen zu.

Großherzogin Maria Pawlowna ließ ihre beiden Töchter zwischen 1812 und 1821 von Goethe im Griesbachschen Gartenhaus in Jena im Zeichnen unterrichten. Seitdem wird das heute noch vorhandene Gebäude auch Prinzessinnenschlösschen genannt. Im Garten steht seit 1821 ein Goethe-Denkmal, mit dem sich Maria Pawlowna bei dem alten Dichter bedankte. Goethe hatte es vor allem die begabte Augusta angetan. „Sie verbindet frauenzimmerliche und prinzessliche Eigenschaften auf eine so vollkommene Weise, dass man wirklich in Verwunderung gerät und ein gemischtes Gefühl von Hochachtung und Neigung in uns entsteht."

Großherzogin Maria Pawlowna von Sachsen-Weimar-Eisenach, *Miniatur von J. W. Ch. Roux, undat.*

Augusta, Prinzessin von Sachsen-Weimar-Eisenach, *Stahlstich, undat.*

Ansonsten blieb nach 1815 in Thüringen alles beim Alten, obwohl in anderen Teilen Deutschlands die kleinstaatliche Gliederung zugunsten größerer Flächenstaaten erheblich eingeschränkt wurde. Thüringen kam zwar nun in den Verruf der Kleinstaaterei, seine Fürsten verloren dennoch nicht den Anschluss an die moderne Staats- und Wirtschaftsentwicklung. Oft war sogar das Gegenteil der Fall. Früher als anderswo setzten sich in den meisten Fürstentümern moderne Staatsverfassungen durch – so in Weimar schon 1816 –, und am Ende des 19. Jahrhunderts war Thüringen durchweg industrialisiert und verkehrsmäßig hervorragend erschlossen.

Carl August und das erste thüringische Parlament

Auf der Basis des „Grundgesetzes einer landständischen Verfassung" vom 5. Mai 1816 hatte der Großherzog von Weimar seinem Land am 2. Februar 1817 ein Parlament gegeben. Die 12 frei gewählten Abgeordneten des ersten Weimarer Landtages, darunter der Jenaer Historiker Heinrich Luden, versammelten sich zur konstituierenden Sitzung im Residenzschloss, hielten aber die gesamte erste Session im Winter 1817/18 im Rokokoschlösschen von Dornburg ab. Da sie entgegen den Vorstellungen Carl Augusts nicht öffentlich tagen wollten, stellte ihnen der Großherzog das damals noch wenig genutzte und kaum möblierte Schlösschen zur Verfügung. Tagungsraum war der kleine Festsaal. 1819 zogen die Abgeordneten dann ins Weimarer Wittumspalais um, später ins Fürstenhaus.

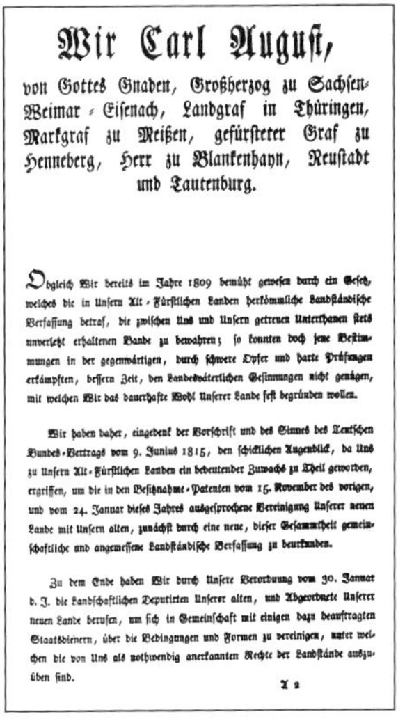

Wir Carl August,

von Gottes Gnaden, Großherzog zu Sachsen-Weimar-Eisenach, Landgraf in Thüringen, Markgraf zu Meißen, gefürsteter Graf zu Henneberg, Herr zu Blankenhayn, Neustadt und Tautenburg.

Obgleich Wir bereits im Jahre 1809 bemüht gewesen durch ein Gesetz, welches die in Unsern Alt-Fürstlichen Landen herkömmliche Landständische Verfassung betraf, die zwischen Uns und Unsern getreuen Unterthanen stets unverletzt erhaltenen Bande zu bewahren; so konnten doch jene Bestimmungen in der gegenwärtigen, durch schwere Opfer und harte Prüfungen erkämpften, bessern Zeit, den Landesväterlichen Gesinnungen nicht genügen, mit welchen Wir das dauerhafte Wohl Unserer Lande fest begründen wollen.

Wir haben daher, eingedenk der Vorschrift und des Sinnes des Teutschen Bundes-Vertrags vom 9. Junius 1815, den schicklichen Augenblick, da Uns zu Unsern Alt-Fürstlichen Landen ein bedeutender Zuwachs zu Theil geworden, ergriffen, um die in den Besitznahme-Patenten vom 15. November des vorigen, und vom 24. Januar dieses Jahres ausgesprochene Vereinigung Unserer neuen Lande mit Unsern alten, zunächst durch eine neue, dieser Gesammtheit gemeinschaftliche und angemessene Landständische Verfassung zu beurkunden.

Zu dem Ende haben Wir durch Unsere Verordnung vom 30. Januar d. J. die Landschaftlichen Deputirten Unserer alten, und Abgeordnete Unserer neuen Lande berufen, um sich in Gemeinschaft mit einigen dazu beauftragten Staatsdienern, über die Bedingungen und Formen zu vereinigen, unter welchen die von Uns als nothwendig anerkannten Rechte der Landstände auszuüben sind.

A 2

Die erste Seite *der von Carl August erlassenen Landständischen Weimarer Verfassung.*

Als 1825 Herzog Friedrich IV. von Sachsen-Gotha-Altenburg kinderlos starb, erlosch die seit 1640 bestehende Hauptlinie dieses Hauses. Ansprüche auf die Gradualnachfolge hatte die Nebenlinie Sachsen-Meiningen. Da sich aber bei Erfüllung dieses Anspruchs das Kräfteverhältnis zu Gunsten eines Herzogtums verschoben hätte, kam es 1826 unter Vermittlung des sächsischen Königs Friedrich August I. zu einem Erbvergleich, der die gothaischen Lande grundlegend neu gliederte. Dabei wurden die Herzogtümer Gotha und Coburg in Personalunion vereinigt und das Saalfelder Herzogtum zwischen Coburg und Meiningen aufgeteilt. Dagegen wurde die Selbstständigkeit des seit 1672 zu Gotha gehörenden Herzogtums Sachsen-Altenburg wiederhergestellt. Herzog von Altenburg wurde der Herzog von Hildburghausen, dessen kleines Land an Meiningen fiel. In der damals erfolgten Neugliederung bestanden die ernestinischen Herzogtümer bis zum Ende der Monarchien im Jahre 1918.
Auch bei den Reußen gab es im 19. Jahrhundert noch territoriale Veränderungen. Durch die bereits 1778 erfolgte Erhebung in den Reichsfürstenstand hatte zunächst die in Greiz regierende Ältere Linie an Ansehen gewonnen, 1806 dann aber auch die Jüngere Linie. Als 1848 Heinrich LXXII. von Reuß-Ebersdorf zugunsten von Heinrich LXII. von Reuß-Schleiz abdankte, wurde Gera die alleinige Residenzstadt der Jüngeren Linie.

Auf preußischen Druck schlossen sich 1833 die neun (ab 1848 acht) thüringischen Fürstentümer dem preußisch dominierten Deutschen Zollverein an, zu bloßen Anhängseln der deutschen Großmacht wurden sie jedoch nicht. Im Gegenteil: Sachsen-Meiningen sympathisierte mit Österreich, was Herzog Bernhard II. Erich Freund 1866 mit dem Verlust des Regentenamtes bezahlen musste. Der preußische Ministerpräsident Otto von Bismarck verzieh seinen „Zaunkönigen" solche eigenen Wege nicht. Während der 48-er Revolution gab es in Thüringen zwar den Plan, Erfurt wegen seiner zentralen Lage zur Hauptstadt eines geeinten Deutschlands zu erheben. Auf der Tagung des deutschen Unionsparlaments in der Erfurter Augustinerkirche im Frühjahr 1850 wurde darüber diskutiert, doch war Preußen nicht bereit, von seiner Führungsrolle irgendwelche Abstriche zu machen. Seit 1866 gehörten die thüringischen Staaten dem Norddeutschen Bund an, seit 1871 als gleichberechtigte Bundesstaaten dem neu gegründeten Reich.

Großherzog Carl August *in den 20-er Jahren, Kreidezeichnung.*

Ludwig Bechstein: Über die Grenzen zwischen den Fürstenstaaten (1835)

War der Rennsteig lange schon eine ziemliche Strecke Grenze zwischen Sachsen-Weimar und Sachsen-Meiningen, so wird nur ein Punkt erreicht, wo ein Dreiherrenstein verkündet, dass die Gebietsteile dreier Fürsten dort sich berühren, nämlich Sachsen-Meiningen, Sachsen-Gotha und Hessen-Kassel. Doch endet dort das Meiningische, und der Weg wird bloß Grenze zwischen Gotha und Hessen. Die Grenzsteine aus Granit, Sandstein und Waldwacken laufen im Zickzack abwechslend zur Rechten und zur Linken fort, sind gothaischerseits mit S. G., hessischer mit H. d. H. S. (Herrschaft Schmalkalden) signiert und tragen zum Teil die Jahreszahl 1772; unter den gothaischen Steinen liegen als Marken Ziegelsteine, Glas, Kohlen und Bleiplättchen mit den Buchstaben S. G., unter den hessischen Blei mit H. und grüne Eisenschlacken."

Auch im 19. Jahrhundert bot die politische Landkarte Thüringens dem ungeübten Betrachter das Bild eines buntgemischten Flickenteppichs. Wie eh und je bestanden die Territorien der Fürstentümer auch noch nach 1826 aus mehreren, meist weit auseinander liegenden Teilen, die ohnedies noch ineinander verschachtelt waren.

Ein Jenenser Student konnte auf einem kurzen Nachmittagsausflug leicht mit der Polizei von drei ernestinischen Landesherren in Händel geraten: einmal mit der des Großherzogs von Sachsen-Weimar und Eisenach, zu dessen Fürstentum ja Jena gehörte; zog er aber, wie so oft, in das vor den Toren der Universitätsstadt liegende „Bierdorf" Lichtenhain, befand er sich schon auf meiningischem Territorium, und wenn er nach Kahla oder Roda fuhr, war er bereits im Herzogtum Sachsen-Altenburg.

Dieser restaurierte Grenzstein *kurz hinter Henneberg erinnert an das ehemalige Herzogtum Sachsen-Meiningen.*

Das Doppelherzogtum Sachsen-Coburg und Gotha

Seit 1826 wurden die Herzogtümer Sachsen-Coburg und Sachsen-Gotha in Personalunion regiert. Man achtete sehr darauf, dass keine der beiden Residenzstädte bevorzugt wurde. Der Hof hielt sich mal in dem südlichen, mal in dem nördlichen Landesteil auf. Alles existierte zweimal. War anfangs Gotha die ansehnlichere Residenzstadt, so holte Coburg bald auf.

Herzog Ernst I. begann unmittelbar nach dem Wiener Kongress in Coburg mit umfänglichen Baumaßnahmen. Er ließ das aus der Barockzeit stammende dreiflüglige Schloss Ehrenburg mit Hilfe des preußischen Architekten Karl Friedrich Schinkel im englisch-gotischen Stil umbauen und den Schlossplatz zu einer weiträumigen, in den Hofgarten großzügig übergehenden Anlage umgestalten. Coburg entwickelte sich unter Ernsts Regierung zu einer der städtebaulich beeindruckendsten Kleinresidenzen Deutschlands.

Schloss Ehrenburg *in Coburg.*

Die Herzöge von Sachsen-Coburg und Gotha

Ernst I.	(1806-)	1826-1844
Ernst II.		1844-1893
Alfred		1893-1900
Carl Eduard	(1900-)	1905-1918

Das Herzogtum Sachsen-Coburg und Gotha erlangte im Laufe des 19. Jahrhunderts durch seine Heiratspolitik – die der des Hauses Habsburg nicht ganz unähnlich war – weltweite Bedeutung. Otto von Bismarck nannte es sarkastisch das „Gestüt Europas". Coburg-Gothaer Prinzen regierten in Belgien, Großbritannien, Portugal und Bulgarien. Der kunstsinnige Coburg-Saalfelder Herzog Franz Friedrich Anton und seine Gemahlin Caroline Auguste Sophie, eine geborene Prinzessin von Reuß-Ebersdorf, sind die Stammeltern der Coburg-Gothaer in aller Welt.

Herzogin Auguste Caroline Sophie und Herzog Franz Friedrich Anton von Sachsen-Coburg-Saalfeld.

Die Coburg-Gothaer in aller Welt

Die Initiative für diese einzigartige Heiratspolitik hatte Auguste Caroline Sophie ergriffen. Denn ihr gelang es in gerade zu spektakulären Aktionen, die drei Töchter Antoinette, Juliane und Victoria nach Württemberg, Russland und England zu verheiraten. Aus der Ehe der früh verwitweten Victoria mit Eduard, Herzog von Kent und Bruder der englischen Könige Georg IV. und Wilhelm IV. aus dem Hause Hannover, entspross 1819 die spätere Königin Victoria, die dann ihrerseits im Jahre 1840 mit dem Coburg-Gothaer Prinzen Albert den Neffen ihrer Mutter ehelichte. Victorias Enkel, König Georg V., der Großvater der heutigen englischen Königin Elisabeth II., änderte im Kriegsjahr 1917 den Namen seines Hauses von Sachsen-Coburg und Gotha in Windsor um. Durch die zahlreichen Nachkommen von Königin Victoria und Prinz Albert ist das Haus Sachsen-Coburg und Gotha in direkter Linie mit den Hohenzollern und den Romanows sowie mit den heutigen Königen von Schweden, Carl XVI. Gustav, und von Spanien, Johann Karl I. (Juan Carlos I.) verwandt.

Als sich 1831 die südlichen Niederlande als selbstständiger Staat Belgien konstituierten, konnte Franz Friedrich Anton seinen Sohn Leopold als ersten König der Belgier durchsetzen. Der heute regierende König, Albert II., ist ein direkter Nachkomme Leopolds I. Das Haus Sachsen-Coburg und Gotha regiert das Königreich Belgien nunmehr schon in der fünften Generation.

Franz Friedrich Antons Enkel Ferdinand heiratete die portugiesische Königin Maria II. da Gloria, eine Tochter Kaiser Pedros I. von Brasilien. Als die Königin 1853 starb, wurde er Regent von Portugal. Das Haus Sachsen-Coburg-Gotha-Braganza regierte das iberische Land bis 1910, als dort die Monarchie abgeschafft und die Republik eingeführt wurde. Ein Urenkel Franz Friedrich Antons wurde 1887 als Ferdinand I. Zar von Bulgarien. Dessen Enkel Simeon II. musste 1946 abdanken, als die Kommunisten in dem Balkanland die Macht übernahmen.

***Das Denkmal für Prinz Albert** auf dem Coburger Marktplatz. Im Hintergrund die von Herzog Johann Casimir erbaute Regierungskanzlei.*

Mit Herzog Ernst II., dem älteren Bruder des Prinzen Albert, regierte in der zweiten Hälfte des 19. Jahrhunderts in Coburg und Gotha einer der populärsten, wenn auch nicht unumstrittenen deutschen Fürsten. Er war der letzte thüringische Potentat, der versuchte, seiner Stimme in der großen Politik Gehör zu verschaffen. Dabei war er im Unterschied zu den Meiningern und den Reußen ein konsequenter Vertreter der preußischen Einigungspolitik, wenn auch kein Freund Bismarcks. Das alles hinderte ihn jedoch nicht daran, in Preußen verfolgte Liberale wie den Schriftsteller Gustav Freytag aufzunehmen und als Fürsprecher der Sänger, Turner, Schützen (weshalb er im Volksmund „Schützen-Ernst" genannt wurde) und studentischen Landsmannschaften aufzutreten. Gut verstand sich Ernst mit dem liberalen preußischen Kronprinzen Friedrich (dessen Gemahlin Victoria, genannt Vicky, eine Tochter von Prinz Albert und Königin Victoria war). Lange versuchte er noch, zwischen Preußen und Österreich zu vermitteln. Ende August 1863 trafen deshalb Kaiser Franz Joseph I. und Königin Victoria auf Schloss Ehrenburg zusammen, um über die deutsche Frage zu diskutieren. Tage darauf verhandelte die englische Königin auf Schloss Rosenau bei Coburg mit König Wilhelm I. Das Herzogtum war damals eine Drehscheibe der europäischen Politik. Als es 1866 dennoch zum Konflikt zwischen Preußen und Österreich kam, ergriff Ernst uneingeschränkt Partei für die Hohenzollern und nahm am böhmischen Feldzug teil. Nach der Reichseinigung zog er sich aus der Politik zurück.

In seiner langen Regierungszeit hat Ernst – wie es der Tradition seines Hauses entsprach – Künste und Wissenschaften unterstützt, oft auch mit Geldern aus seiner Privatschatulle. Allerdings ist in ihm wohl eher ein Bewahrer denn ein Neuerer zu sehen. So erhielt Gotha einen beispielgebenden Museumsneubau, der die Stadt als ein Zentrum der naturwissenschaftlichen Forschung festschrieb. Mit Anteilnahme verfolgte er auch die Bemühungen des Verlegers Justus Perthes um die Kartografie. 1862 unterstützte Ernst eine Expedition nach Afrika, an der auch der Zoologe Alfred Edmund Brehm und der Schriftsteller Friedrich Gerstäcker teilnahmen.

Ernst II. war einer der musikalischsten thüringischen Fürsten. Seine Oper „Santa Chiara" (1854), unter Franz Liszt in Gotha uraufgeführt, erlebte Aufführungen in ganz Deutschland und in Paris. Kein anderer thüringischer Herzog dürfte je einen größeren künstlerischen Erfolg errungen haben! Als Johann Strauß wegen einer Scheidungsgeschichte im konservativen Wien in Bedrängnis geriet und ihm eine neue Ehe nicht erlaubt wurde, bot Ernst ihm Asyl an. 1887 wurde der „Walzerkönig" Bürger von Sachsen-Coburg und Gotha (und blieb es bis zu seinem Tode) und vermählte sich in Coburg mit Adele Deutsch.

Da Ernsts Ehe kinderlos geblieben war, folgte ihm mit Herzog Alfred ein Sohn seines Bruders Albert und der Königin Victoria. Als dieser schon im Jahre 1900 starb, konnte sich sein Sohn nicht entschließen, für den Coburg-Gothaer Thron seine britische Militärkarriere aufzugeben. So kam dessen Neffe, der Herzog von Albany, als Herzog Carl Eduard genannt, zu monarchischen Ehren in Thüringen. Da dieser noch nicht volljährig war, führte bis 1905 Alfreds Schwiegersohn Ernst zu Hohenlohe-Langenburg die Regierung. Wurde das Vereinigte Königreich seit 1840 von Deutschen regiert, so kamen nun die beiden letzten Regenten Sachsen-Coburg-Gothas aus Großbritannien.

Königin Victoria selbst hielt sich oft und gern in der Heimat ihrer Vorfahren auf, so dass der englische Premierminister spötteln konnte, das Empire würde von Coburg aus regiert. Zum letzten Mal war die Königin im April 1894 in der thüringischen Residenzstadt. Der Anlass war die Hochzeit ihres Enkels, des Großherzogs Ernst Ludwig von Hessen-Darmstadt, mit ihrer Enkelin, der Prinzessin Victoria Melita von Sachsen-Coburg und Gotha. Der gesamte europäische Hochadel war zu dieser Fürstenhochzeit nach Coburg eingeladen. Darunter waren ihr Enkel Kaiser Wilhelm II. und der zukünftige Zar Nikolaus II.

Die Denkmäler *für Herzog Ernst I. auf dem Schlossplatz und für Herzog Ernst II. im Coburger Hofgarten.*

***Die Coburger Fürstenhochzeit** vom 19. 4. 1894; im Bild links Wilhelm II. und mit Melone Nikolaus von Russland, in der Bildmitte sitzend Königin Victoria.*

Das Herzogtum Sachsen-Altenburg

In dem aus zwei Teilen – dem Ostkreis um die Residenzstadt und dem Westkreis um Eisenberg, (Stadt)Roda und Kahla – bestehenden neuen Fürstentum regierte nun der ehemalige Herzog von Sachsen-Hildburghausen. Friedrich fand zwar, als er nach Altenburg kam, ein wirtschaftlich prosperierendes Land vor, doch mangelte es einer kulturellen Infrastruktur. Es gab kein Hoftheater, keine öffentliche Bibliothek und keine Kunstsammlungen. Das alles wurde erst nach und nach geschaffen. 1871 begann das Theater seinen Spielbetrieb; der von Gottfried Semper geschaffene Bau beeindruckt noch heute durch seine Größe und durch seine Schönheit. Das am Fuße des Schlossparks erbaute Landesmuseum (Lindenaumuseum) wurde 1876 eröffnet. Es beherbergt eine bedeutende Gemäldesammlung.
Da der Altenburger Ostkreis industrialisiert war, entluden sich hier früher als anderswo soziale Spannungen. 1830 kam es in der Residenzstadt sogar zu Straßenkämpfen. Der äußerst konservative Herzog gab daraufhin seinem Land eine mit einer Verwaltungsreform verbundene Verfassung, setzte aber angekündigte weitere Reformen nicht um. Deshalb kam es 1848 zu einer erneuten militärischen Konfrontation, an deren Ende der Herzog Joseph schließlich sein Regentenamt niederlegen musste. Ein einmaliger Vorgang in den thüringischen Fürstenstaaten!
Herzog Ernst I. hat sein Land in der zweiten Hälfte des 19. Jahrhunderts wenig spektakulär regiert. Auch politisch trat er kaum in Erscheinung. Sozialen Fragen gegenüber war er aber aufgeschlossen. Im Unterschied zu seinen Vorgängern trat er früh an die Seite Preußens und ersparte seinem Land damit komplizierte Verwicklungen. 1862 schloss er mit Berlin eine Militärkonvention ab, 1873 verheiratete er seine Tochter Marie mit dem Prinzen Albrecht von Preußen.

Altenburg entwickelte sich in der zweiten Hälfte des 19. Jahrhunderts zu einer bedeutenden Industriestadt. Prägend wurde der Nähmaschinenbau und die Spielkartenherstellung.

Herzog Ernst I. von Sachsen-Altenburg, *Fotografie um 1900.*

Die Herzöge von Sachsen-Altenburg

Friedrich	1826-1834
Joseph	1834-1848
Georg	1848-1853
Ernst I.	1953-1908
Ernst II.	1908-1918

Nach seiner Abdankung hielt sich Herzog Joseph jeden Sommer in Wolfersdorf auf. Am 30. Juni 1866, unmittelbar nach der Schlacht bei Langensalza, empfing er König Georg von Hannover. 14 Tage später begab sich der durch Bismarck abgesetzte Regent von Wolfersdorf aus ins österreichische Exil. Wie eng er sich mit dem abgelegenen Waldort verbunden fühlte, zeigt die Bestattung seines Herzens an seinem Lieblingsplatz. Noch heute markiert an der Straße nach Neustadt ein Kreuz die Stelle.

Herzog Ernst I. hielt sich gern, wie vorher schon Herzog Friedrich, im benachbarten Hummelshain auf. Zwischen 1880 und 1885 ließ er dort durch den Architekten Ernst von Ihne, der später in Berlin das Kaiser-Friedrich-Museum und die Staatsbibliothek Unter den Linden baute, ein Schloss im Stil der Neorenaissance errichten. Der imposante und mit einem 30 Meter hohen Turm versehene Bau wurde nun die Sommerresidenz der Altenburger Herzöge. 1891 und 1894 hielt sich dort auch Kaiser Wilhelm II. auf.

***Kaiserjagd in Hummelshain**,*
in der Bildmitte Herzog Ernst I, rechts vorn Kaiser Wilhelm II.

Das Hummelshainer Schloss.

Das Herzogtum Sachsen-Meiningen

Als der Preußenfeind Bernhard II. Erich Freund von Sachsen-Meiningen 1866 wegen seiner Sympathien für das Haus Österreich dem Thron entsagte und damit seinem Herzogtum das Schicksal Hannovers und Hessen-Kassels ersparte, kam früher als erwartet sein Sohn Georg zur Regierung. Dass mit Georg II. den Künsten in Meiningen neue Chancen erwachsen würden, war aufgrund der Neigungen des Erbprinzen vorauszusehen; dass aber mit seiner Inthronisation ein neues Kapitel im Buch der reichen thüringischen Theatergeschichte, gar der europäischen aufgeschlagen werden würde, war wohl nicht zu ahnen. Ohnedies lagen die literarischen Zentren in der 2. Hälfte des 19. Jahrhunderts in den großen Städten, vor allem in München, immer mehr aber auch schon im aufstrebenden Berlin. Was sollte schon aus einer abseits der Verkehrswege liegenden Kleinstadt und aus einem politisch abgewirtschafteten Herzogtum hervorgehen können? Das erst 1831 gegründete Meininger Hoftheater erlangte unter Georgs Leitung internationale Bedeutung und beeinflusste die europäische Theaterentwicklung in einem bisher nicht gekannten Ausmaß. Seine begrenzten finanziellen Möglichkeiten vor Augen, konzentrierte sich der Herzog nur auf das Schauspiel, die Oper löste er auf, nicht aber das Orchester. Unter der Leitung von Hans von Bülow feierte es Triumphe in ganz Europa.

Georg II. war selbst Künstler, und als solcher bestimmte er den Spielplan, entwarf die Dekorationen und die Kostüme – und führte Regie. Am Text des Stückes sollte nichts geändert werden, der Schauspieler hatte nicht mehr zu deklamieren, sondern sich der Dichtung unterzuordnen. Dazu gehörte für den Herzog auch die bis dahin überhaupt nicht übliche historisch getreue Ausgestaltung jeder Inszenierung. Das Meininger Theater konnte deshalb nur als Ensembletheater wirksam werden, in das sich der engagierte Schauspieler einordnete, sich einer langen Probenzeit unterwarf und nach den Weisungen des Regisseurs spielte. Dies galt auch für die kleinen Rollen und für die Komparserie. So gingen dann auch von Massenszenen, eine Spezialität des fürstlichen Regisseurs, große Wirkungen aus, an die sich die Zuschauer noch lange erinnerten.

***Herzog Georg II. von Sachsen-Meiningen**, Ölbild von Ernst von Sachsen-Meiningen, 1910.*

Seit 1874 stellten die „Meininger", wie sie nun nur noch genannt wurden, ihre Aufführungen in Gastspielen vor, die sie bis 1890 durch ganz Europa führten. Insgesamt gaben sie 2600 Vorstellungen, viele davon in Berlin und Wien, sie spielten aber auch in Prag, Budapest, St. Petersburg, Moskau, Odessa, Amsterdam, Kopenhagen, Stockholm und London, sogar an eine Gastspielreise durch Amerika war gedacht.
Ohne die Meininger Theaterreform ist das moderne europäische Regietheater, wie es Otto Brahm und Max Reinhardt in Berlin oder Stanislawski in Moskau zu Beginn des 20. Jahrhunderts entwickelt hatten, nur schwer vorstellbar. Georg II.

war eine Künstlerpersönlichkeit von Weltgeltung. Ernst Haeckel, der berühmte Jenaer Professor und Verfasser der „Welträtsel", sprach rückblickend über Georg II. als „den erhabenen deutschen Fürsten, der alle übrigen an Geist und Charakter überragte und der als Protektor von Kunst und Wissenschaft sich eine bleibende Ruhmesstätte im deutschen Geistesleben geschaffen hat".

Georg II. und die italienische Renaissance

Das Künstlertum des Meininger Theater-Herzogs, wie Georg II. schon von den Zeitgenossen genannt wurde, ist ohne seine Begeisterung für die italienische Renaissance kaum vorstellbar. Seit 1847 ist er während seiner zahlreichen und langen Italien-Reisen in deren Geist eingedrungen. In Venedig und Florenz hat er die verschiedenen Malerschulen bewundert und zahlreiche Gemälde für die Meininger Galerie erworben. Ein leuchtendes Beispiel war für ihn der estische Hof in Ferrara, den er als Schauplatz von Goethes „Torquato Tasso" genau zu kennen glaubte. So wie der italienische Renaissance-Dichter die Schwester des Fürsten d'Este zur Frau begehrt, so geht der thüringische Herzog die Ehe mit der Schauspielerin Ellen Franz (als seine Gemahlin Helene Freifrau von Heldburg) ein. Das Hofleben in Meiningen, im Schloss Altenstein und auf der Veste Heldburg war bis in die Einzelheiten dem von Ferrara nachgestellt. Künstlerisches Refugium wurde ihm aber auch die Villa Carlotta am Comer See, deren Name auf Georgs erste Gemahlin, die preußische Prinzessin Charlotte, zurückgeht Sie hatte diesen marmorgeschmückten Palast als Hochzeitsgeschenk ihrer Mutter mit in die Ehe gebracht.

Schloss Elisabethenburg *in Meiningen.*

Das Großherzogtum Sachsen-Weimar-Eisenach

Der ab 1828 in Weimar regierende Großherzog Carl Friedrich stand völlig im Schatten seines berühmten Vaters. Im Unterschied zu diesem war er zwar sparsam, doch fehlte es ihm am Verständnis für die Tendenzen der neuen Zeit. Die Initiative ging fast immer von der hochbegabten Großherzogin Maria Pawlowna aus. Sie erkannte früh, dass das Großherzogtum nach Carl Augusts Tod auch eines kulturellen Neuanfangs bedurfte, wenn es nicht in Provinzialität versinken sollte. Mit der Berufung Franz Liszts zum Hofkapellmeister gelang ihr zwar der Durchbruch, bis aber Weimar wieder einen vorderen Platz im europäischen Kulturbetrieb einnehmen konnte, sollte noch ein halbes Menschenalter vergehen. Zunächst galt es, die Tradition zu wahren und sie ins öffentliche Bewusstsein zu rücken.

Ab 1830 ließ Carl Friedrich den unvollendeten Westflügel des Schlosses ausbauen. Großherzogin Maria Pawlowna verlieh ihm mit der Einrichtung der berühmten „Dichterzimmer" von vornherein einen musealen Charakter. Als Krönung das Ganzen entstand unter der Aufsicht Schinkels die reich geschmückte Goethe-Galerie. Durch dieses Konzept geriet das Schloss immer mehr zu einem Denkmal der Weimarer Klassik – wie sie nun allenthalben schon genannt wurde.
Maria Pawlownas Schwiegertochter Sophie, eine geborene Prinzessin der Niederlande, knüpfte daran an, wenn sie im Schloss Entscheidungen traf, die die schriftliche Hinterlassenschaft Goethes und Schillers zusammenhielten und in einem eigens zu diesem Zwecke errichteten repräsentativen – in vielem einem Schloss ähnlichen – Archivgebäude unterbrachten. Sie initiierte auch die erste kritische Ausgabe der Werke Goethes (die sog. „Sophien-Ausgabe").

Die Großherzöge von Sachsen-Weimar-Eisenach

Carl August	(1775-)	1815-1828
Carl Friedrich		1828-1853
Carl Alexander		1853-1901
Wilhelm Ernst		1901-1918

Großherzog Carl Alexander, dessen Erziehung noch unter der Aufsicht Goethes gestanden hatte, ist es ganz im Sinne seiner Mutter gelungen, Weimar als einen lebendigen Kunst-

ort zu erhalten, so dass seine lange Regentschaft zu Recht als Weimars „Silbernes Zeitalter“ bezeichnet wird.
Carl Alexander gehört zu den bedeutendsten deutschen Fürstenpersönlichkeiten in der zweiten Hälfte des 19. Jahrhunderts. Er setzte die liberale und kunstsinnige Politik seines Großvaters fort. Mit Gründung der Kunstschule, aus der im zweiten Jahrzehnt des 20. Jahrhunderts das Bauhaus hervorgehen sollte, zeigte sich Carl Alexander auch als ein bedeutender Förderer des zeitgenössischen Kunstschaffens. Wenn auch in der noch immer kleinen Stadt das Philistertum und die Selbstzufriedenheit vieler Adeliger manche Blüte trieb, ist das Weimar der zweiten Hälfte des 19. Jahrhunderts – wie es Fürst Pückler formulierte – auch eine „Weltstadt“ gewesen.

***Großherzog Carl Alexander von Sachsen-Weimar-Eisenach**, Fotografie von Carl Schenk, 1858.*

Was Goethe und Schiller im 18. Jahrhundert für die Literatur waren, sollten im 19. Jahrhundert nach dem Willen Carl Alexanders Franz Liszt und Richard Wagner für die Musik werden. Beide dauernd an Weimar zu binden, ist ihm nicht gelungen. Auch Friedrich Hebbel, der bedeutendste Dramatiker seiner Zeit, tauschte Weimar mit Wien. Dennoch gingen vom Hoftheater im „Silbernen Zeitalter" beachtliche Impulse aus. 1849 erschien Wagners „Tannhäuser" auf der Bühne und im Jahr darauf wurde der „Lohengrin" uraufgeführt. „Damals waren Wagners Opern", schreibt Adelheid von Schorn, von der der Begriff „Silbernes Zeitalter" stammt, „als verrückt und abscheulich verschrien, und die Sänger fanden ihre Rollen so schwer und anstengend, dass Liszts ganzes Übergewicht nötig war, dieses unbekannte Werk hier durchzusetzen." Obwohl sich halb Weimar gegen eine Protektion des im benachbarten Sachsen steckbrieflich gesuchten Komponisten ausgesprochen hatte, unterstützte der Großherzog ausdrücklich das Vorhaben. Als 1857 Franz von Dingelstedt zum Intendanten berufen wurde, rückten die Stücke der Klassiker ins Zentrum der Theaterarbeit. Aufsehen erregten die Shakespeare-Aufführungen und 1875/76 die erste Inszenierung beider Teile von Goethes „Faust".

Carl Alexander und der Wiederaufbau der Wartburg

Mit welchem Anspruch der Weimarer Großherzog sein Regierungsamt angetreten hatte, zeigte sein Plan des Wiederaufbaus der Wartburg. Ab 1838 wurde er mit großem materiellen Aufwand und überzeugendem ideellen Engagement umgesetzt. Damit schuf er nicht nur das protestantische Gegenstück zu der in der gleichen Zeit entstandenen Walhalla des Bayernkönigs Ludwig I., sondern auch ein Denkmal deutscher und thüringischer Größe, das gleichermaßen an den sagenhaften Sängerkrieg, an Luthers Bibelübertragung und an den nationalen Aufbruch durch die Burschenschaften erinnert. Die Aura dieser bekanntesten deutschen Burg bestimmt somit den hohen Rang der thüringischen Fürsten in der deutschen und europäischen Kulturgeschichte.

Carl Alexander gab seinem Hof, der sich eines hohen Ansehens erfreute, den sprichwörtlich gewordenen Weimarer Glanz. Dazu trugen nicht zuletzt auch die Künstler bei, denen der Weimarer Hof Weltläufigkeit verdankt und eine geistige Weite, wie sie im 19. Jahrhundert in Thüringen nur noch in Coburg und (mit einigen Abstrichen) in Meiningen zu finden war. Unter seiner Regentschaft strebte die Universität Jena einer neuen geistigen Blüte entgegen. Vor allem wurden dort die Naturwissenschaften gefördert. Der Zoologe Ernst Haeckel und der Physiker Ernst Abbe wurden ihre Protagonisten. In der selben Zeit stieg die Saalestadt durch die Optischen Werkstätten von Carl Zeiß auch zu einem Industrieort von Weltgeltung auf.

Die Schwarzburger und die Reußen im 19. Jahrhundert

Das Haus Schwarzburg-Rudolstadt spielte im 19. Jahrhundert keine herausragende Rolle mehr. Seine Fürsten glichen eher Privatleuten denn regierenden Herren. Wenn es in Thüringen biedermeierliche Enge gab, dann in Rudolstadt in dieser Zeit. Fürst Friedrich Günther, der lange regierte, setzte kaum eigene Akzente. Völlig ohne Ehrgeiz ließ er seine Mutter Karoline Louise bis zu deren Tod 1854 faktisch mitregieren. Auch das Bild der Residenzstadt hat in dieser Zeit nur wenige prägende Veränderungen erfahren. Allein durch Friedrich Fröbels Erziehungsanstalt in Keilhau und dem von ihm 1840 in Blankenburg gegründeten Kindergarten machte das Fürstentum außerhalb seiner Grenzen Schlagzeilen. Innenpolitisch sorgte Friedrich Günther für Unruhe, als er sich zweimal morganatisch (also nicht standesgemäß) verheiratete. Aus der großen Politik hielt er sich sowieso heraus und votierte früh für Preußen.

Die Fürsten von Schwarzburg-Rudolstadt II

Ludwig Günther II.	1767-1790
Friedrich Karl	1790-1793
Ludwig Friedrich II.	1793-1807
Karoline (vormundschaftl.)	1807-1814
Friedrich Günther	1814-1867
Albert	1867-1869
Georg	1869-1890
Günther Viktor	1890-1918

Das Kyffhäuser-Denkmal

Das Kaiser-Denkmal auf dem Kyffhäuser wurde am 18. Juni 1896 eingeweiht. 6000 offizielle Festgäste, darunter alle deutschen Monarchen, waren damals in das Fürstentum Schwarzburg-Rudolstadt gekommen, zu dessen Oberherrschaft das kleine Gebirge am Rande der Goldenen Aue gehörte. Ansprachen hielten Kaiser Wilhelm II. und Fürst Günther. Für beide Herrscher war es ein großer Tag. Der sonst völlig abseits stehende Rudolstädter Fürst sah sich plötzlich in den Mittelpunkt gerückt. Für wenige Tage schaute das ganze Land auf Schwarzburg-Rudolstadt. Wilhelm II. ging es jedoch nicht um die Schwarzburger, sondern um den Ruhm der eigenen Dynastie. Mit Bezug auf Barbarossa sah Wilhelm II. in seinem Großvater, dem zum deutschen Kaiser erhobenen weißbärtigen Preußenkönig Wilhelm I., Barbablanca. Im Unterschied zu dem Beinamen des Staufers wurde der des Hohenzollern niemals volkstümlich. Wilhelm war eben nicht Barbarossa, sondern nur sein Phantom, und das Kyffhäuser-Denkmal das steinerne Symbol einer zur Staatsdoktrin erhobenen Geschichtskonstruktion, nach der die Hohenzollern das Werk der Staufer vollenden. Deshalb zeigt das Denkmal beide Kaiser. Mit den thüringischen Fürstenstaaten hat es jedoch kaum etwas gemein.

Der bedeutendste Sondershäuser Fürst des 19. Jahrhunderts war Günther Friedrich Carl II., der seinen wegen Günstlingswirtschaft unbeliebt gewordenen Vater 1835 in einer Hofrevolte zur Abdankung zwang. Zu den Ergebnissen dieser sog. „Revolution von Ebeleben" gehörte auch die Verabschiedung einer zeitgemäßen Verfassung. Dass sich Sondershausen bald zu einem bedeutenden Kulturzentrum entwickeln konnte, ist auch ein Verdienst der Fürstin Mathilde, einer geborenen Fürstin von Hohenlohe-Oehringen, die auch das Talent der Marlitt, der aus Arnstadt kommenden späteren Erfolgsautorin, entdeckt und gefördert hat. Das Musikleben erreichte eine Blüte, die in ganz Deutschland Aufsehen erregte. Max Bruch wirkte hier als Kapellmeister des heute noch bestehenden (und nach seinem sommerlichen Spielort im Schlosspark genannten) Loh-Orchesters. Günther Friedrich Carl ließ auch Teile des Schlosses umbauen. Dadurch entstand das „monumentalste Ensemble des Klassizismus in Thüringen" (H. Bärnighausen). 1889 verzichtete der Sondershäuser Fürst zugunsten seines Sohnes Karl Günther auf die Regierung. Sein Lieblingsaufenthalt wurde nun das Jagdschloss „Zum Possen". Dass er ohne Enkel bleiben würde und somit das Erlöschen der Linie absehbar war, betrübte ihn zutiefst. Nach dem Tod von Karl Günther wurde das Fürstentum von Schwarzburg-Rudolstadt in Personalunion mitregiert.

Die Fürsten von Schwarzburg-Sondershausen II

Günther Friedrich Carl I.	1794-1835
Günther Friedrich Carl II.	1835-1880
Karl Günther	1880-1909

***Der Marktplatz zu Sondershausen** um 1840, im linken Bildteil die den Platz kontrollierende Schlosswache und die neuerrichtete Schlosstreppe.*

Die Reußen standen traditionell den Habsburgern nahe, einige von ihnen hatten dem Haus miltärisch gedient. Das wirkte auch im 19. Jahrhundert noch nach. Die Reußen waren preußenfeindlich. Diese Haltung hätte sie im deutschen Bruderkrieg 1866 beinahe die Existenz gekostet. Greiz wurde sogar von preußischen Truppen besetzt. Großherzog Carl Alexander von Sachsen-Weimar-Eisenach, der sich bei seinem Schwager Wilhelm I. in Berlin für die Reußen einsetzte, rettete den Fortbestand ihrer Länder. Fürstin Karoline, die seit dem Tod ihres Gemahls Heinrich XX. 1859 in Greiz die Regentschaft führte, verzichtete auf ihr Regierungsamt und erklärte ihren Sohn vorzeitig für mündig. Die dem kleinen Land auferlegte Kontribution zahlte sie zur Hälfte aus ihrem Privatvermögen. Fürst Heinrich XXII., der letzte regierende

Reuße der älteren Linie, fühlte sich gedemütigt und blieb lebenslang antipreußisch gesinnt. Gegenüber allem was aus Berlin kam hatte er eine Abneigung, auch wenn es dem Lande dienlich gewesen wäre. Dennoch heiratete seine Tochter Hermine 1922 den nun schon im holländischen Exil lebenden und verwitweten Wilhelm II.

Das untere Schloss *in Greiz, Residenz der älteren Linie Reuß.*

Mit dem Tod Heinrichs XXX. 1802 erlosch das Haus Reuß-Gera. Zu diesem Zeitpunkt regierten die Reußen der jüngeren Linie noch in Schleiz und in Ebersdorf. Als 1848 Fürst Heinrich LXXII. von Reuß-Ebersdorf wegen der Affäre mit der Hochstaplerin Lola Montez abdanken musste, wurden alle Landesteile in einer Hand vereinigt. Heinrich LXVII. von Reuß-Schleiz verlegte seine Residenz nach Gera und ließ das seit Jahrzehnten kaum noch genutzte Residenzschloss Osterstein umbauen. Anders als die Reußen der älteren Linie setzten er und sein Sohn Heinrich XIV. auf Preußen, obwohl auch sie Vorbehalte hegten. 1849 gewährte Heinrich LXVII. seinen Untertanen eine zeitgemäße Verfassung. Die beiden reußischen Residenzstädte Greiz und Gera entwickelten sich im 19. Jahrhundert zu bedeutenden Standorten der Textilindustrie und der Maschinenfabrikation.

Das Schloss Osterstein *in Gera, das Residenzschloss der Fürsten Reuß jüngere Linie, vor der Zerstörung 1945.*

Das Ende der Dynastien

Das Wirken von Ernst II., Georg II. und Carl Alexander hat deutlich gemacht, dass einige thüringische Höfe auch noch im 19. Jahrhundert, als sich die kulturellen Zentren in Deutschland immer mehr in die aufstrebenden Großstädte verlagert hatten, kaum an Innovationskraft eingebüßt hatten. Erst mit dem Tod dieser Fürsten war auch in Thüringen eine Ära zu Ende gegangen. Ihre Nachfolger scheinen ganz Kinder des neuen Zeitalters gewesen zu sein, denn die Fürstentümer verloren sichtlich an Kraft, die Regenten selbst an Profil, wenngleich keiner von ihnen den kulturellen Traditionen seines Hauses entgegenwirkte.

Wilhelm Ernst, der blasse letzte Großherzog von Sachsen-Weimar-Eisenach und Enkel Großherzog Carl Alexanders, wollte zwar bei seinem Regierungsantritt das Vermächtnis seiner Vorfahren bewahren, brachte anfänglich auch der modernen Kunst seine Sympathie entgegen, förderte aber immer mehr die konservativ-preußischen Kräfte, so dass Weimar sehr bald auch zu einem Zentrum völkisch-nationalistischer Kunstauffassungen wurde. Ein Drama von Gerhart Hauptmann oder August Strindberg traute sich das Hoftheater nur in Jena aufzuführen, während die Historiendramen Ernst von Wildenbruchs in der Residenzstadt gefeiert wurden. In Weimar ansässige Künstler wie Henry van de Velde oder Wassili Kandinsky wurden immer mehr in das Abseits getrieben.

Von der Novemberrevolution wurde Thüringen nur partiell erfasst, dennoch sorgte sie auch hier für die Abschaffung der Monarchien. Innerhalb von nur 16 Tagen wurden die sechs verbliebenen Regenten zum Thronverzicht gezwungen und damit eine mehr als tausendjährige Entwicklung abgebrochen. Allerdings verlief dieser Umschwung in Thüringen wenig spektakulär. Nur in Gotha wurde Herzog Carl Eduard schon am 9. November regelrecht abgesetzt und die Regierung in die Hände der „Volksbeauftragten“ gelegt. In Weimar zwang

Großherzog Wilhelm Ernst von Sachsen-Weimar-Eisenach *besucht die Firma Carl Zeiss. Begrüßung vor dem alten Verwaltungsgebäude in der Jenaer Goethestraße, Fotografie von Paul Riedel, um 1910.*

der Soldatenrat unter Führung des Sozialdemokraten August Baudert den wenig beliebten Wilhelm Ernst zur Abdankung, ermöglichte ihm aber – anders als in Gotha –, die Regierungsverantwortung in ihm geeignete Hände zu geben. Der Meininger Herzog Bernhard III. legte am 10. November sein Fürstenamt nieder. Ernst II. von Sachsen-Altenburg tat dies am 12. November, nachdem er die Staatsgeschäfte einer Koalitionsregierung übergeben hatte. Diese war die letzte herzogliche und zugleich die erste freistaatliche. Der letzte regierende Reuße Heinrich XXVII. hatte schon am Vortage für beide Linien auf den Thron verzichtet. In den beiden schwarzburgischen Staaten, die seit 1909 von Rudolstadt aus in Personalunion regiert wurden, blieb die Stellung des Fürsten Günther Viktor bis zum 15. November unangetastet, erst acht Tage später, am 23. November, legte er für Rudolstadt und am 25. November für Sondershausen sein Regentenamt nieder und führte selbst die republikanische Staatsform ein. Die ihm angetragene Präsidentschaft lehnte er großzügig ab. Günther Viktor war damit der letzte deutsche Fürst, der auf seinen Thron verzichtete.

Die Mehrheit der abgesetzten thüringischen Fürsten hielt ihren Ländern auch nach 1918 die Treue. So lebten Carl Eduard von Sachsen-Coburg und Gotha auf Schloss Callenberg bei Coburg, Bernhard III. von Sachsen-Meiningen in Haubinda bei Hildburghausen und Ernst II. von Sachsen-Altenburg in Wolfersdorf bei Stadtroda. Nur Wilhelm Ernst von Sachsen-Weimar-Eisenach wich auf sein Gut im schlesischen Heinrichau aus, das seit 1810 im Privatbesitz seiner Familie war. Er verstarb dort bereits 1923. Fürst Günther Victor lebte mit seiner Familie sommers in Schwarzburg und winters in Sondershausen. Nach dem Tod des Fürsten 1925 engagierte sich seine Witwe Anna Luise weiterhin für die Kultur. Besonders am Herzen lag ihr das Sondershäuser Loh-Orchester. Auch Erbprinz Heinrich XIV. Reuß wandte sich den Künsten zu. Er verhalf der Geraer Bühne, an der er selbst Regie führte, in den 20-er Jahren zu großem Ansehen.

Die abgesetzten Fürsten lebten meist zurückgezogen und außerhalb jedes politischen Engagements, wenngleich einige noch lange auf die Wiederherstellung der Monarchien hofften und in dem einen oder anderen Fall im Hintergrund Fäden in diese Richtung spannen. Für den Nationalsozialismus begeisterten sich die wenigsten, wenngleich es NSDAP-Mitglieder in allen Häusern mit Ausnahme von Sachsen-Weimar-Eisenach gab. Vor allzu starker Nähe zu den Nationalsozialisten bewahrte sie zumeist ihre national-konservative Grundhaltung und ihr kulturelles Selbstverständnis. Eine verhängnisvolle Rolle spielte allein der Coburg-Gothaer Herzog Carl Eduard, der sich durch seine englische Herkunft schon früh genötigt sah, sein Deutschtum besonders herauszustellen. Diese Haltung führte schon im Ersten Weltkrieg zum Bruch mit Großbritannien und Anfang der 30-er Jahre zu einer engen Bindung an Hitler.

Obwohl Carl Eduard ein führendes Mitglied des nationalkonservativen „Stahlhelm" war, unterhielt er schon Anfang der 30-er Jahre Beziehungen zur NSDAP und zu ihren Gliederungen. Als hoher SA-Führer wurde er nach dem Röhm-Putsch zwar kurzzeitig inhaftiert, behielt aber das Vertrauen Hitlers, der ihn schon 1934 zum Präsidenten des Deutschen Roten Kreuzes und zum Reichskommissar für freiwillige Krankenpflege machte. Zeitweilig soll der ehemalige Herzog sogar mit der Statthalterschaft in Thüringen spekuliert haben. Doch Hitler blieb dem hohen Adel gegenüber eher reserviert und betraute Carl Eduard vor allem mit repräsentativen Aufgaben. Als Hitler aber 1943 viele Adelige ihrer Ämter enthob, behielt Carl Eduard seine Posten. Deshalb ließen ihn die Amerikaner 1945 internieren und nach seiner Freilassung unter Hausarrest stellen. Als er 1954 in Coburg starb, war er ein gebrochener Mann.

1945 flohen die meisten Adeligen vor der am 2. Juli in Thüringen einrückenden Roten Armee. Doch hatten sie von den neuen deutschen Machthabern mehr zu befürchten als von den Russen. Da es nicht gelang, sie unter die Kriegsverbrecher einzuordnen, wurden die Enteignungen oft unter sehr fadenscheinigen Vorwürfen durchgesetzt. Als einziger blieb Ernst II. von Sachsen-Altenburg im Osten. Als Freiherr von Rieseneck lebte er seit 1919 auf dem ihm im Auseinandersetzungsvertrag von 1921 zugesprochenen Schloss „Fröhliche Wiederkunft" in Wolfersdorf. Dort trieb er astronomische Studien, beschäftigte sich mit Geschichte und spielte mit den Bauern Skat. Der Besatzungsmacht hatte er es zu danken, dass ihn die deutschen Behörden 1945 nicht vertrieben. Als er 1955 starb, folgten seinem Sarg einige hundert Menschen. Die von ihm schon früh geschiedene Herzogin Adelheid wohnte bis zu ihrem Tod 1971 in Ballenstedt am Harz, dem alten Stammsitz der Askanier. Auch die Rudolstädter Fürstin Anna Luise hat ihre Heimat nicht verlassen und ist bis zu ihrem Tod 1951 in Sondershausen geblieben.

***Herzog Ernst II. von Sachsen-Altenburg**, Fotografie um 1910.*

Seit dem Hinscheiden von Georg Moritz im Jahre 1991 ist die Hauptlinie des Hauses Sachsen-Altenburg ausgestorben. Die jetzigen Prinzen entstammen der Linie des im 19. Jahrhundert regierenden Herzogs Georg. Dagegen bestehen die Häuser Sachsen-Weimar-Eisenach, Sachsen-Coburg und Gotha und Sachsen-Meiningen durch ihre zahlreichen Nachkommen fort. Die beiden Linien des Hauses Reuß erloschen, als Fürst Heinrich XXIV. Reuß ältere Linie 1927 starb und der Erbprinz Heinrich XIV. jüngere Linie 1945 in sowjetischer Kriegsgefangenschaft umkam. Dennoch besteht das Fürstenhaus fort. Die heutigen Reußen, von denen einige in Österreich leben und einer in Bad Köstritz Landwirtschaft betreibt, leiten ihre Herkunft aus dem apanagierten Haus Reuß-Köstritz her. Wirklich erloschen ist nur das Haus Schwarzburg. Sein letzter Vertreter Prinz Friedrich Günther starb 1971 in München.

Mit dem Ende der Dynastien 1918 und der Bildung des Landes Thüringen 1920 (wobei sich Coburg per Staatsvertrag nach einer anfechtbaren Volksabstimmung 1919 dem Freistaat Bayern anschloss) endete auch die mit den fürstlichen Kleinstaaten verbundene politische Dezentralisierung Thüringens. Dennoch gelang es 1920 nicht, Thüringen in seinen historischen Grenzen wiedererstehen zu lassen. So verblieb Erfurt z.B. bis zur Neugliederung des Gaues Thüringen im Juli 1944 bei Preußen. Auch 1945/46 fehlte es am politischen Willen, die ehemals albertinischen Teile Thüringens in das wiedergegründete Land aufzunehmen. 1952 verschwand Thüringen dann völlig von der politischen Landkarte. Die drei thüringischen DDR-Bezirke Erfurt, Suhl und Gera waren keine Objekte des Völkerrechts mehr und wurden von Berlin aus regiert. Dass bei ihrer Bildung Teile Nordthüringens dem Bezirk Halle und das Altenburger Land dem sächsischen Bezirk Leipzig zugeschlagen wurde, war ein Ausdruck für die Nichtachtung jahrhundertealter historischer Kontinuitäten. Während des politischen Umbruchs der Jahre 1989/90 war es von Anfang an der Wille eines großen Teils der Bevölkerung, das Land Thüringen wiedererstehen zu lassen, wenngleich es anders als in Sachsen dafür nur wenige spontane Aktionen gab. Dass sich die Verantwortlichen dabei an die Ländergliederung der Nachkriegszeit und an die Bezirksgrenzen der DDR klammerten, muss aus heutiger Sicht bedauert werden. Nur der Kreis Artern mit dem historisch so wichtigen Kyffhäuser und das Altenburger Land kehrten nach Thüringen zurück. Sangerhausen und Naumburg mit dem burgenreichen oberen Unstruttal, der Wiege thüringischer Geschichte, wurde Bestandteil des wiedergegründeten umstrittenen Landes Sachsen-Anhalt.

Um die Vertreter der Fürstenhäuser kümmerte sich in Thüringen in der Zeit der Wende kaum jemand. Während sie sich anderswo auf spektakuläre Weise zurückmeldeten, blieb hier der Lärm aus. Erst als einige Hoheiten Anspruch auf enteignetes bewegliches Gut anmeldeten, gerieten sie in die Schlagzeilen.

Für Sachsen-Weimar wurden die möglichen Ansprüche in dem 1921 geschlossenen Interessenausgleich geregelt. Danach müssen die zum Privatbesitz gehörenden beweglichen Güter „der öffentlichen Besichtigung weiter zugänglich bleiben". Doch ist diese Vereinbarung in Thüringen 1948 durch ein Fürstenenteignungsgesetz aufgehoben worden. Ohne zwingende Gründe und nicht auf Anordnung der Besatzungsmacht hatte der frei gewählte Landtag dieses Gesetz verabschiedet. Da es bis heute nicht aufgehoben wurde, ist es fortwährendes Recht. Die Klärung der angesprochenen Fragen steht in Thüringen also noch aus. Dass diese mit einer Wiedergutmachung verbunden werden muss, sollte außer Frage stehen. Im übrigen würde es dem Ansehen Thüringens im Ausland nicht schaden, wenn die Nachkommen der ehemaligen Regenten wieder hier Wohnung nähmen und – vergleichbar dem Haus Wittelsbach im Freistaat Bayern – als Botschafter der reichen kulturellen Traditionen aufträten. Schlösser, Theater, Kunstsammlungen, Bibliotheken und Orchester sind ein für jedermann sichtbarer Teil davon. Sollten die Familien, die das meiste gefördert, vieles gestiftet und manches überhaupt erst möglich gemacht haben, nicht dazu gehören?

Übersicht über die wichtigsten Regenten-Titel

Bischof

Damit ist der oberste geistliche Würdenträger eines bestimmten kirchlichen Gebietes gemeint, also eines Bistums oder einer Diözese. Das Wort taucht im 8. Jh. als *biscof* auf und leitet sich vom griechischen *episkopos* ab, was soviel wie Aufseher heißt. Ins Germanische ist es über das römisch-rheinische Christentum gekommen. Der *Erzbischof* ist der erste Bischof einer Kirchenprovinz. Das Bestimmungswort *Erz-* zur Bezeichnung eines hohen Ranges leitet sich vom griechischen *arch(i)-*, also *Ober-* oder *Haupt-* ab. Abgewandelt kann es auch Führer oder Anführer heißen. Mit der Kirchenspache sind solche Komposita schon im frühen Mittelalter ins Deutsche gekommen. Die Bezeichnung Erzbischof ist seit dem 12. Jh. bekannt, zur gleichen Zeit wurde auch das Wort *Erzvater* erstmals benutzt. In den weltlichen Bereich kam es im 14. Jh. als *Erzkämmerer* und *Erzkanzler*, im 15. Jh. als Erzherzog. Als steigerndes Kompositionsglied gebraucht es Luther in Zusammensetzungen wie *Erzschelm* und *Erzfeind*.

Fürst

Zur Zeit Karls des Großen (8./9. Jh.) bedeutet dieser Titel in der Form von *furisto* weiter nichts als der erste, der vorzüglichste unter den Adeligen. Im 10. Jh. steigert sich der Begriffsinhalt zu Herrscher *furisttuom* oder zu Herrschaftsgewalt. Im Unterschied zu anderen germanischen Sprachen entwikkelt sich im Angelsächsischen aus dem gleichen Wortstamm der Begriff für die Ordnungszahl *first*.

Den *Kurfürsten* – *küren* heißt im Mittelhochdeutschen soviel wie *wählen* - stand seit der Mitte des 13. Jh.s das Recht zur Wahl des deutschen Königs zu, vorher hatten es alle Reichsfürsten ausgeübt. Vermutlich leitete sich das Wahlrecht vom Besitz eines Erzamtes ab. Die Erzbischöfe von Mainz (Erzkanzler für Deutschland), Trier (Erzkanzler für Italien) und Köln (Erzkanzler für Burgund), der König von Böhmen (Erzschenk), der Pfalzgraf bei Rhein (Erztruchsess), der Herzog von Sachsen (Erzmarschall) und der Markgraf von Brandenburg (Erzkämmerer) traten als die Mächtigsten des Reiches immer mehr in den Vordergrund. Kaiser Karl IV. bestätigte dann 1356 in der Goldenen Bulle diese Siebenzahl in der genannten Rangfolge. Bis zum Ende des Reiches gab es nur wenige Veränderungen: So wurde 1623 die Kur von der Pfalz auf Bayern übertragen, im Westfälischen Frieden erhielt die Pfalz die achte Kur (Erzschatzmeister), später ging sie an das Haus Hannover über, und 1692 kam eine neunte Kurwürde für Braunschweig-Lüneburg (Erzpanneramt) hinzu.

Graf

Gravo heißt im 8. Jh. der Vorsteher eines königlichen Gerichtes oder der Verwalter eines Königsgutes. Obwohl die Etymologie ungewiss ist, hat man versucht, das Wort in Verbindung mit dem Lateinischen *grafere – schreiben* – zu bringen. Auf jeden Fall bezeichnet der Begriff im frühen Mittelalter viel eher ein Beamten- als ein Herrscheramt. Im Norddeutschen wird er als Deich- oder Salzgraf bis ins 19. Jh. in diesem Sinne gebraucht. Erst in spätkarolingischer Zeit wird das Grafenamt mit der Verleihung von Landbesitz in ein erbliches Lehen umgewandelt. Seitdem gibt es die Titel *burg-, lant-, marc-* und *phalanz-gravo*. Daraus entstand seit dem 13. Jh. der zweithöchste erbliche Adelstitel.

Herr

Dieser Begriff bezeichnet bis weit in das 18. Jh. hinein einen niedrigen Adeligen. Er hat seine Entsprechungen im mittelalterlichen *Ritter* oder im frühneuzeitlichen (aus dem Germanischen stammenden, doch erst über das Französische ins Neuhochdeutsche gekommenen) *Baron*. Der im 18. Jh. aufgekommene *Freiherr* bzw. *Freifrau* ist dafür nur eine andere Bezeichnung. Entstanden ist das Wort aus dem Komparativ des althochdeutschen Wortes *her*, was soviel wie *der Ältere* oder *der Würdigere* bedeutet. Daraus ging schon früh die Bezeichnung für eine mit Land begüterte und mit Verwaltungsaufgaben betraute Person hervor, die in Beziehung steht zu einem Höheren. Im Mittelalter werden auch alle anderen Adeligen mit *Herr* – später allerdings nicht mehr – angeredet

(*Herr* Graf, *Herr* König), daraus entsteht die Sitte, überhaupt Höhergestellte so anzusprechen, seit dem 16. Jh. auch einflussreiche Bürgerliche. Zum Ende des 18. Jh.s hin setzt sich der Begriff allmählich als allgemeine, höfliche Anrede für männliche Personen durch. Das weibliche Gegenstück ist demzufolge Frau. In der Wendung *Herr über etwas werden* oder dem Adjektiv *herrisch* steckt noch der alte Kern.

Herzog

Im Germanischen war der *herizohe* oder *herizogo* derjenige, der neben dem Heer her zog, später der für die Dauer eines Krieges gewählte Heerführer. Schon in merowingischer Zeit verstand man unter *Herzog* einen Stammesführer, also einen hohen, dem Königtum sehr nahestehenden Adeligen. Bei den Franken und bei den Langobarden gab es für die Sicherung der Grenzen verantwortliche *Markherzöge*. Nach dem Ende der Karolinger-Dynastie kamen die Stammesherzöge zu neuer Macht. Obwohl sich die Könige bemühten, die Befugnisse der Herzöge ständig zu beschneiden, benötigten sie sie als wichtige regionale Gewalten. Unter den Staufern gab es folgende deutsche Herzogtümer: Kärnten (748), Sachsen (843), Böhmen (895), Lothringen (895) Bayern (907), Schwaben (917), Schleswig (1115), Pommern (1152), Österreich (1156), Steiermark (1180), Braunschweig (1235), dazu kamen die Titularherzöge von Zähringen (Baden) und Meranien (Tirol); erst später wurden mit dem Herzogsrang belehnt: Mecklenburg (1348), Jülich (1356), Berg (1380), Kleve (1417), Holstein (1474), Württemberg (1495), Preußen (1525), Sachsen ernestinische Linie (1552) und Oldenburg (1777); mit dem Ende des Reiches entstanden die Herzogtümer Nassau-Usingen, Anhalt-Bernburg, Anhalt-Dessau und Anhalt-Köthen, und 1816 noch Nassau-Weilburg. – Die Titel *Erzherzog* (für die Prinzen der Habsburger) und *Großherzog* tauchen erstmals im 16. Jh. auf.

Kaiser

Diese höchste Würde eines Monarchen hatte immer singuläre Bedeutung und bezog sich stets auf das römische Kaisertum. Der Begriff selbst geht auf den Namen des römischen

Feldherrn und Staatsmannes Gaius Iulius Caesar zurück, den alle römischen Kaiser seit Augustus als Beinamen trugen. Vermutlich ist die Verallgemeinerung aus dem Namen schon zu Lebzeiten Caesars, also noch im letzten vorchristlichen Jahrhundert, ins Germanische gekommen. Man sieht in *Kaiser*, im Sinne von Herrscher, das älteste lateinische Lehnwort im Germanischen (gotisch - *kaisar*). Karl der Große hat den Titel im bewussten Bezug zum römischen Kaisertum angenommen. Eine ähnliche Entlehnung aus einem Namen ist auch die slawische Bezeichnung für König. Sie geht auf den germanischen Vornamen Karl (bezogen auf Karl dem Großen) zurück, polnisch heißt der König *król*, russisch *korol*. Dagegen geht die übernahme des Kaisertitels bei den Slawen auf die Goten zurück. Daraus entstand im 16. Jahrhundert das Wort *Zar*. Diesen Titel nahm Iwan IV., Großfürst von Moskau, 1547 offiziell an. Damit wollte er sich als der Erbe der untergegangenen byzantinischen Kaiser zeigen und Moskau als das „dritte Rom" verstanden wissen. Als Napoleon den Kaisertitel annahm, musste das römisch-deutsche Kaisertum verschwinden. Damit bezog sich auch der Kaiser der Franzosen auf Westrom und Karl dem Großen.

König

Mit diesem Titel wird der Inhaber der höchsten monarchischen weltlichen Würde in einem Land bezeichnet. Nur der Kaiser, dessen Macht unversal begründet ist, steht über ihn. Das althochdeutsche Wort *kuning* (8. Jh.) hat schon diese Bedeutung. Daraus entstand im Mittelhochdeutschen (12. Jh.) das Wort *künec*. Im Germanischen war *kunjam* der Vertreter eines vornehmen Geschlechts. So steckt das Stammesmäßige auch weiterhin im Wort und in seinem Verständnis. Die Franken und die Thüringer hatten von allen germanischen Stämmen die ersten Könige.

Personenregister

Keine Aufnahme fanden die in den Übersichten verzeichneten Regenten.

a.d.H.	aus dem Hause
Fst./Fstn.	Fürst/Fürstin
Gem.	Gemahl/Gemahlin
Gf./Gfn.	Graf/Gräfin
Ghz./Ghzn.	Großherzog/Großherzogin
Hz./Hzn.	Herzog/Herzogin
Kf./Kfn.	Kurfürst/Kurfürstin
Ks./Ksn.	Kaiser/Kaiserin
Lgf./Lgfn.	Landgraf/Landgräfin
Mgf./Mgfn.	Markgraf/Markgräfin
Pfgf./Pfgfn.	Pfalzgraf/Pflazgräfin
Pz./Pzn.	Prinz/Prinzessin
Sa.	Sachsen
Sch.	Schwarzburg

Ortsregister

Abbildungsnachweise

Coburger Landesstiftung S. 213, 218
Domarchiv Naumburg S. 34, 35
Friedrich-Schiller-Universität Jena S. 109, 111, 114, 117, 224, 227
Hennebergisches Museum Kloster Veßra S. 71, 120
Landesmuseum für Vorgeschichte, Halle/Saale S. 13
Museum für Regionalgeschichte Gotha S. 149, 180, 181, 183, 184
Naturhistorisches Museum Schloss Bertholdsburg, Schleusingen S. 121
Staatliche Museen Meiningen S. 196
Staatliche Museen Sondershausen S. 126, 130, 159, 160
Staatsarchiv Altenburg S. 220, 221, 237
Stadtarchiv Erfurt S. 85, 86, 178
Städtische Museen Jena S. 33, 209
Stadtmuseum Gera S. 170, 171, 233
Stiftung Weimarer Klassik, Weimar S. 97, 150, 157, 158, 175, 186, 187, 194, 206
Thüringer Landesmuseum Schloss Heidecksburg, Rudolstadt Titel, S. 162, 164, 165
Thüringer Museum Eisenach S. 55

Detlef Ignasiak, Bucha bei Jena, Fotografien S. 18, 39, 49, 60, 63, 68. 79, 83, 87, 115, 127, 211, 222

Frank Herzer, Jena, Fotografien S. 7, 22, 29, 45, 53, 66, 76, 77, 99, 113, 116, 123, 131, 132, 142, 144, 152, 154, 155, 158, 166, 176, 191, 212, 214, 217, 225, 232

Verlagsarchiv: alle übrigen Abbildungen

Über den Autor

Detlef Ignasiak, Dr. phil., geb. 1950 in Berlin, lebt in Bucha bei Jena. Germanist und Kulturhistoriker, Vorsitzender der Thüringischen Literarhistorischen Gesellschaft Palmbaum e.V; Herausgeber und Redakteur des „Palmbaum. Literarisches Journal aus Thüringen"; Autor und Herausgeber zahlreicher Bücher vornehmlich zur thür. Kulturgeschichte, darunter „Herrscher und Mäzene. Thüringer Fürsten von Hermenefred bis Georg II." (1994); „Luther in Thüringen" (1996); „An der Saale und im Holzland. Ein kulturhistorischer Führer" (1997); (zus. mit F. Lindner) „Das philosophische Thüringen" (1998).